Sue Tarsky · Rosemarie Verey

Unser Garten ist im Haus

Übersetzt und bearbeitet
von Angelika Feilhauer

Ein Ravensburger Familienbuch

Otto Maier Verlag Ravensburg

CIP - Kurztitelaufnahme der Deutschen Bibliothek

Tarsky, Sue:
Unser Garten ist im Haus: e. Ravensburger Familienbuch / Sue Tarsky; Rosemarie Verey. Übers.
u. bearb. von Angelika Feilhauer. [Ill.: Grahame Corbett...]. – Ravensburg: Maier, 1980.
    Einheitssacht.: The complete book of indoor gardening <dt.>
    ISBN 3-473-37480-6

NE: Verey, Rosemarie:; Feilhauer, Angelika [Bearb.]

© 1980 by Walker Books, London
© der deutschen Ausgabe 1980 by
Otto Maier Verlag Ravensburg
Die englische Originalausgabe erschien
unter dem Titel The Complete Book of Indoor
Gardening, 4 Bände.
Illustrationen: Grahame Corbett,
Amanda Severne (Der Fensterbrettgarten)
Will Giles, Barbara Firth (Zimmerpflanzen)
Grahame Corbett, Will Giles (Kakteen und
andere Sukkulenten)
Barbara Firth, Elizabeth Wood (Kräuter)
Umschlaggestaltung: Walter Emmrich
Printed in Italy
ISBN 3-473-37480-6

Einleitung

Viele von uns haben keinen Garten zu Hause und möchten dennoch viele und möglichst unterschiedliche Pflanzen ziehen. Für sie ist dieses Buch in erster Linie gedacht. Es gibt Anregungen und Anleitungen, wie man im Zimmer, auf dem Fensterbrett oder auf dem Balkon bunte Sommerblumen, prächtige Topfpflanzen, Kakteen, Gemüse, Kräuter und vieles mehr ziehen kann. So kann auch eine Wohnung im zehnten Stock eines Hochhauses auf einmal zu einem Pflanzenparadies werden.

Das Buch ist nicht nur als Nachschlagewerk für die Pflanzenzucht gedacht, sondern es ist ein richtiges Familienbuch, das Eltern und Kinder zu einer gemeinsamen Freizeitgestaltung anregen will. Deshalb sind die Pflanzen nicht einfach aufgelistet, sondern es wird sehr genau gezeigt, wie und wo man sie am sinnvollsten wachsen läßt und was man sonst noch alles mit ihnen machen kann. Besonders Kräuter lassen sich vielseitig verwenden. Man kann sie zum Kochen benutzen oder hübsche Dinge daraus basteln, wie duftende Kugeln, Lavendelkissen und Gewürzsträußchen, oder man bereitet mit ihnen leckere Kräutertees zu. Viel Spaß machen auch kleine Experimente mit Hydrokultur. Man kann zum Beispiel Kressesamen auf feuchtes Löschpapier säen oder aus Möhrenenden neue Blätter sprießen lassen.

Das Buch ist in vier sich abgeschlossene Kapitel unterteilt: Das erste Kapitel zeigt Pflanzen, die gut auf dem Fensterbrett oder Fenstersims gedeihen, das zweite Kapitel beschreibt die Haltung vieler Zimmerpflanzen, das dritte die Pflege von Kakteen und anderen Sukkulenten, und das vierte Kapitel beschäftigt sich schließlich mit Kräutern. So kann man zum Beispiel in der Küche Kräuter, im Wohnzimmer Topfpflanzen, im Schlafzimmer Kakteen und auf dem Balkon Sommerblumen ziehen.

Die einzelnen Kapitel sind jeweils so aufgebaut, daß im ersten Teil viele Pflanzen gezeigt werden, die für die Wohnung geeignet sind, und im zweiten Teil werden genaue Anleitungen zur Aussaat, Aufzucht, Vermehrung oder Pflege der Pflanzen gegeben. Durch die vielen farbigen Abbildungen sind die Arbeitsweisen leicht zu verstehen und nachzumachen. Vor allem wird man beim Lesen des Buches auch bald feststellen, daß Pflanzen weder ein schwieriges noch ein teures Hobby sein müssen.

Inhalt

Was man wissen muß 6

Fensterbrettgärten
Der Frühling kommt 14
Bunte Sommerblumen 16
Frisches Gemüse und Kräuter 18
Herbst auf dem Fensterbrett 20
Pflanzen für den Winter 22
Blüten zur Weihnachtszeit 23
Aussaat 24
Einen Blumenkasten bepflanzen 25
Zwiebeln treiben 26
Zwiebeln und Knollen pflanzen 27
Kerne und Nüsse 28
Wie man Pflanzen vermehrt 29
Blumenkästen basteln 30
Originelle Blumenbehälter 32
Töpfe und Kästen kaufen 34
Sämlinge großziehen 36
Kälteschutz für Blumenkästen 37
Was ist Hydrokultur? 38
Ein einfacher Versuch 39
Hydrokultur für Kräuter 40
Hydrokultur für Gemüse 41
Geeignete Behälter 42
Mit Sand beginnen 44
Säen und pflanzen 45
Sämlinge in Sand umpflanzen 46
Pflanzen in Hydrokultur umsetzen 47

Zimmerpflanzen
Licht und Temperatur 50
Schlafzimmer nach Süden 52
Schlafzimmer nach Norden 54
Küche nach Süden 56
Badezimmer nach Norden 58
Wohnzimmer nach Süden 60
Wohnzimmer nach Norden 62
Pflanzen aus Samen ziehen 64
Hyazinthenzwiebeln pflanzen 65

Eintopfen und Umtopfen	66
Pflanzenvermehrung	68
Abmoosen	69
Blattstecklinge	70
Einen Baum erziehen	72
Kletterstäbe basteln	73
Flaschengärten bepflanzen	74
Terrarium mit Pflanzen	75
Hängetöpfe basteln	76
Ein Garten in der Schale	77
Experimente mit Hydrokultur	78
Übersicht der Zimmerpflanzen	80

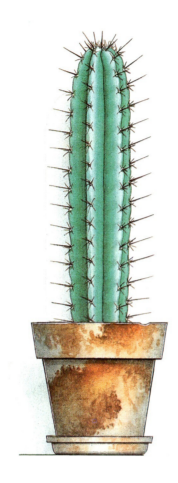

Kräuter

Was macht man mit Kräutern	120
Im Haus und im Garten	122
Aussaat im Freien	132
Auspflanzen	133
Aussaat im Haus	134
Pikieren	135
Kräuter vermehren	136
Kräuter in Töpfen und Kästen	139
Trocknen	140
Lavendelkissen	141
Gewürzsträußchen	142
Wohlriechende Kugeln	143
Duftmischungen	144
Kräutertee zubereiten	146
Übersicht der Kräuter	148
Nützliche Hinweise	150

Kakteen und andere Sukkulenten

Kakteen pflegen	84
„Wüsten"kakteen	86
Kleiner Kakteengarten	98
„Wald"kakteen	100
Andere Sukkulenten	102
Aus Samen ziehen	110
Kakteen umtopfen	111
Möglichkeiten der Vermehrung	112
Spaltpfropfung	115
Horizontalpfropfung	116
Sämlingspfropfung	117

Schädlinge und Krankheiten	154
Register	156

Was man wissen muß

Symbole
Bei den Arbeitsanleitungen in diesem Buch sind häufig die nachstehenden Symbole zu finden. Sie zeigen an, welche Lichtverhältnisse eine Pflanze braucht, wann man sie düngen muß oder wann sie Wasser benötigt, und ob die Samen an einem warmen oder kühlen Platz gezogen werden müssen.

Schatten Wenn Sämlinge oder Pflanzen Schatten brauchen, ist dieses Symbol abgebildet.

Licht Dies bedeutet, daß die Pflanze hell, aber nicht in der vollen Sonne stehen darf.

Sonne Einige Samen, Sämlinge oder Pflanzen müssen direkt in der Sonne stehen.

Düngen Dieses Symbol zeigt an, wann Zeit zum Düngen ist.

Pflanzennamen
Alle Pflanzen haben lateinische Namen, die die Botaniker (Pflanzenwissenschaftler) zur Benennung verwenden. Die lateinischen Namen der Pflanzen sind im Register auf S. 156 ff. aufgeführt. Im Buch selber wird in der Regel der deutsche Name verwendet, sofern es einen gibt. Kakteen haben oft nur lateinische Namen, manche haben auch mehrere deutsche oder lateinische Namen, denn die Benennung ist nicht immer einheitlich.

Art, Spezies Pflanzen, die in wesentlichen Merkmalen übereinstimmen, sich also sehr ähnlich sind.

Varietät, Sorte Pflanzen, die etwas anders sind als die Pflanzen derselben Art.

Hybriden Pflanzen, die durch Kreuzung zweier verschiedener Arten oder Sorten entstanden sind.

Pfröpfling, Pfropf(reis) Der obere Teil einer Pflanze, der zum Pfropfen bzw. Veredeln verwendet wird.

Unterlage Der untere Teil einer Pflanze (mit den Wurzeln), der zum Veredeln genommen wird.

Blumenerden
Verschiedene Pflanzen brauchen unterschiedliche Erden. In diesem Buch kann man nachlesen, wann Torf-, Laub-, Kakteen- oder Lehmerde verwendet werden muß. Zum Treiben von Zwiebeln oder für die Hydrokultur gibt es noch andere Substanzen. Falls keine Angaben gemacht sind, nimmt man normale Blumenerde. Man kann auch eigene Erde herstellen, aber es ist einfacher und sicherer, fertige Erde zu kaufen, in der alle wichtigen Stoffe enthalten sind. Man bekommt sie in Beuteln in jedem Gartencenter und jeder Samenhandlung.

Abhärten
Dies bedeutet, daß Pflanzen langsam an kühlere Temperaturen gewöhnt werden müssen, damit man sie anschließend nach draußen pflanzen kann. Sie werden eine Woche lang tagsüber an einen geschützten Platz ins Freie gestellt und nachts wieder ins Haus gebracht. Danach kann man sie endgültig nach draußen verpflanzen.

Tauchen Dieses Symbol gibt an, daß eine Pflanze ein Tauchbad in einem Eimer mit Wasser braucht.

Besprühen Zum Wässern der Pflanzen verwendet man hier eine feine Brause oder einen Zerstäuber.

Warmer, dunkler Platz Einige Sämlinge brauchen zum Wachsen diese Bedingungen.

Gießen Dieses Symbol zeigt, wann man die Pflanzen gießen muß.

Kühler, dunkler Platz Andere Sämlinge wieder gedeihen nur unter diesen Bedingungen.

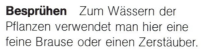

Die Teile einer Pflanze
Samen entwickeln sich in der Blüte.

Eine **Knospe** ist ein Trieb mit Blüten oder Blättern, der sich in dem Winkel zwischen einem Blatt und dem Stengel entwickelt.

Der **Stengel** trägt die Pflanze und ihre Blätter und transportiert Nahrung und Wasser zu allen Teilen der Pflanze.

Die Pflanze atmet durch die **Blätter,** wo mit Hilfe des Lichts Nahrung für die ganze Pflanze erzeugt wird.

Durch die **Wurzeln** wird die Pflanze an ihrem Platz gehalten. Diese nehmen Wasser und Nahrung aus dem Boden auf.

Buchstaben
In diesem Buch stehen hinter den Namen von manchen Pflanzen Buchstaben. Sie zeigen die Art der Pflanze an und geben Aufschluß darüber, wann Samen ausgesät werden oder was man nach der Blüte tun muß oder wie man die Pflanze überwintert.

W Ej Winterhart einjährig. Einjährige Pflanzen werden innerhalb eines Jahres aus Samen keimen, blühen und wieder absterben. Diesen Pflanzen schadet Frost nichts.

Bed. W Ej Bedingt winterhart einjährig. Diese Pflanzen können durch Frost geschädigt werden. Man pflanzt sie erst ins Freie, wenn keine Frostgefahr mehr besteht.

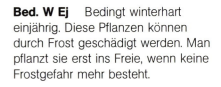

Bed. W Mj Bedingt winterhart mehrjährig. Diese Pflanzen können im Winter nur draußen bleiben, wenn es nicht friert oder sie vor Frost geschützt sind.

S Strauch. Diese Pflanzen haben mehrere vom Erdboden ausgehende holzige Stengel bzw. Stämme. (Es gibt winterharte und bedingt winterharte Sträucher.)

HS Halbstrauch. Diese Pflanzen sind im unteren Teil verholzt und im oberen Teil krautig.

Blätter Es gibt nicht nur einfarbige Blätter, sondern auch buntgescheckte wie die der Buntnessel.

Brutzwiebeln Winzige Zwiebeln, wie der Schnittlauch sie zum Beispiel ausbildet.

Knospe Wachstumspunkt am Stengel, an dem sich ein neues Blatt oder ein neuer Trieb entwickelt.

Zj Zweijährig. Diese Pflanzen werden im Herbst nach draußen gesetzt. Sie blühen im folgenden Frühjahr oder Sommer, entwickeln Samen und sterben ab.

W Mj Winterhart mehrjährig. Diese Pflanzen brauchen u.U. zwei Jahre, um zu blühen, dann leben sie jedoch viele Jahre. Die oberen Teile der Pflanzen sterben im Winter ab, aber im Frühjahr kommen neue Triebe. Links ist ein Stiefmütterchen abgebildet, rechts ein Gewürz. Diese Pflanzen können also recht unterschiedlich aussehen.

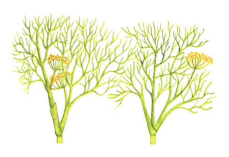

Rosette Blätter, die in einer kreisförmigen Anordnung wachsen. Gewöhnlich wachsen sie von einem Mittelpunkt aus über der Erdoberfläche und haben keinen Stengel. Es gibt aber verschiedene Rosettenformen.

Blüten Blüten wachsen auf ganz unterschiedliche Weisen. Es gibt einzelne Blüten und Blütenstände. Unten ist eine Rispe abgebildet.

Keimblätter und echte Blätter Wenn eine Pflanze aus dem Samen zu wachsen beginnt, nennt man sie Sämling. In diesem Stadium hat sie einen Stengel und ein Paar kleiner, runder Blätter, die man Keimblätter nennt. Sie sehen nicht so wie die anderen Blätter aus, die die Pflanze später ausbilden wird. Diese nennt man echte Blätter. Wenn der Sämling heranwächst, ist der Unterschied leicht zu erkennen.

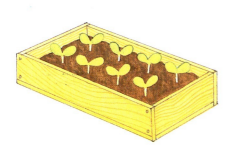

Zw Zwiebel Ein verkürzter Sproß, der mit kleinen, dicken, schuppigen Blättern ohne Blattgrün umhüllt ist und im Boden wächst.

Kn Knolle Dies ist ein kurzer, dicker Stengel- oder Wurzelteil mit der Knospe an einem Ende. Auch Knollen wachsen im Boden.

Erdsproß (Rhizom) Eine dicke Wurzel oder ein unterirdischer Sproß, der Nahrung speichert, die die Pflanze in Kälte oder Trockenheit braucht.

 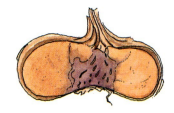 

Kindel Kleine Pflanzen, die auf Stengeln oder Ausläufern wachsen oder sich bei manchen Pflanzen auch am Blattgrund entwickeln.

Glochiden Winzige Borsten, die an Opuntien wachsen. Sie bleiben leicht in den Fingern stecken.

Areolen Kleine Polster, Seitensprossen ähnlich, die nur Kakteen haben. Aus ihnen wachsen Stacheln, Blüten und neue Sprosse.

Stacheln Diese können spitz oder haarig sein. Sie wachsen bei Kakteen auf Areolen und an den Körpern anderer Sukkulenten.

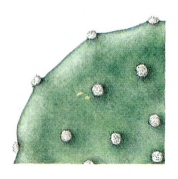 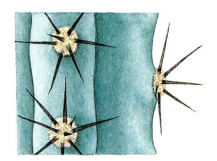 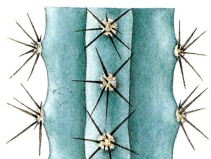

Steckholz Verholzter, blattloser Trieb, der vom Frühjahr bis zum Herbst oder länger gewachsen ist. Steckholz wird im Herbst geschnitten.

Steckling Krautiger Pflanzenteil. Man schneidet ihn im Frühjahr oder Frühsommer von der Mutterpflanze. (Blattstecklinge s.S. 70.)

Man muß darauf achten, daß:
1. das Fensterbrett breit genug für den Kasten oder Behälter ist, der daraufgestellt werden soll;
2. das Fensterbrett stabil genug ist, um einen schweren bepflanzten Kasten zu tragen;
3. der Blumenbehälter nicht vom Fensterbrett oder Sims fallen kann;
4. der Behälter stabil genug ist, um Erde und Pflanzen zu halten;
5. die Kästen an ihrem endgültigen Standort gefüllt werden. Später kann man sie vielleicht nicht mehr bewegen, weil sie zu schwer sind;
6. die großen Pflanzen hinten in den Kasten und kleine nach vorn gesetzt werden, damit man alle Pflanzen sehen kann und alle Licht bekommen;
7. immer ein Untersetzer unter dem Topf oder Kasten ist, damit kein Gießwasser heruntertropfen kann;
8. man sich nicht aus dem Fenster lehnen muß, um an den Blumenkasten zu kommen. Man kann den Kasten auch innen auf das Fensterbrett stellen;
9. aufgeräumt wird, wenn man mit der Arbeit fertig ist;
10. große Kakteen nur mit Handschuhen angefaßt oder zuerst in alte Zeitungen gewickelt werden;
11. man Stacheln, die in den Fingern stecken, nur mit einer Pinzette wieder herauszieht.

Ableger, Bodentriebe Aus dem im Boden steckenden Stengelteil einer Pflanze wachsende Triebe, die abgetrennt werden können und sich dann bewurzeln, um allein weiterzuwachsen.

Verbänderung Eine ungewöhnliche Form, in der Kakteen manchmal wachsen. Sie sehen dann verformt aus. Am häufigsten kommt die sogenannte Cristataform vor.

Kugelförmig und zylindrisch Typische Wachstumsformen bestimmter Sukkulenten bzw. Kakteen.

In jeder Wohnung gibt es ein Fenstersims oder Fensterbrett, das gleich viel freundlicher aussieht, wenn ein Blumenkasten mit bunten Sommerblumen darauf steht. Doch nicht nur Sommerblumen gedeihen in Kästen gut, man kann dort auch Gemüse und Kräuter anpflanzen und seinen eigenen kleinen Gemüsegarten zusammenstellen, auch mitten in einer Großstadt. Sogar im Winter kann ein Kasten voller blühender Blumen das Fensterbrett schmücken.

Blumen und Gemüse wachsen und gedeihen gut in jedem Blumenkasten, aber auch in vielen anderen Behältern. Man muß die Pflanzen nur richtig pflegen. Wie das geschieht, ist in diesem Kapitel genau beschrieben.

Ein besonderer Abschnitt beschäftigt sich mit Hydrokultur. Dies ist ein Verfahren, bei dem Pflanzen ohne Erde gezogen werden. Das hat viele Vorteile.

Fensterbrettgärten

Der Frühling kommt

Wenn man ein Schiebefenster hat, kann man jeden beliebigen Blumenkasten verwenden, weil man leicht an ihn herankommt. Ist am Fenstersims ein Geländer, so steht der Kasten auch sicher.
Das Sims muß stabil genug sein, um den Behälter zu tragen. Dies ist vor allem dann wichtig, wenn der Blumenkasten schwer ist, wie zum Beispiel ein Kasten aus Ton, der mit Erde und Pflanzen natürlich noch schwerer sein wird. Welchen Kasten man auch verwendet, es muß immer ein Untersetzer darunterstehen, um herabtropfendes Wasser aufzufangen.

Sobald im März die ersten Zwiebelblumen blühen, weiß man, daß nun der Frühling im Anzug ist. Wenn man solche Zwiebeln in seinen Kasten setzen will, kauft man diese am besten im vorangehenden Spätsommer, damit sie Ende September oder Anfang Oktober gepflanzt werden können. Man kann Kataloge von Firmen anfordern, die Zwiebeln anbieten, damit man die richtigen Sorten leichter findet. In den Katalogen steht außerdem, wann die Sorten blühen, wie groß sie werden und welche Farben sie haben. Dies sollte beim Einpflanzen der Zwiebeln berücksichtigt werden, damit die Farbzusammenstellungen später hübsch sind.
Die Zwiebeln brauchen zum Wachsen viel Wasser. Wenn sie verblüht sind, kann man sie wieder aus dem Kasten nehmen und andere Pflanzen an ihre Stelle setzen (s.S. 27).

Falls das Fenstersims schräg ist, muß der Blumenkasten so abgesichert werden, daß er nicht herunterfallen kann. Man kann zum Beispiel vorn zwei kleine Holzstücke unter den Kasten schieben, weil so die Schräge ausgeglichen wird und der Kasten wieder gerade steht.

Wenn genug Platz ist, kann man auch mehrere Kästen aufstellen. Aber das Fenstersims muß – wie gesagt – stabil genug sein, vor allem, wenn die Kästen schwer sind. Im Frühling kauft man die Blumen, die man in die Kästen pflanzen möchte, in einem Gartencenter oder auf dem Markt oder zieht sie aus Samen.

Samen sind natürlich billiger als ganze Pflanzen. Und von einem Samentütchen kann man eine ganze Menge Samen ziehen. Die Samen werden in der Osterzeit Ende März oder Anfang April gekauft. Man kann aber schon im Winter Kataloge von Firmen, die Samen verkaufen, bestellen und durchschauen. Diese Firmen inserieren häufig in Tageszeitungen und Zeitschriften. Wenn man einen Katalog hat, kann man die Samen in Ruhe aussuchen. Oft stehen auch nützliche Tips darin. Es ist nicht schwer, Pflanzen aus Samen zu ziehen, aber es braucht seine Zeit. Samen einjähriger Pflanzen werden im März oder April gesät. Zwei- und Mehrjährige sät man im Mai oder Juni (s.S. 24). Die Buchstaben hinter den Pflanzennamen geben Aufschluß darüber, um was für eine Pflanze es sich handelt. Im Frühjahr werden die Blumen in einen Kasten gesetzt – gewöhnlich im Mai, sofern keine Frostgefahr mehr besteht. Dann blühen noch einmal farbenprächtige Frühlingsblumen, nachdem die Zwiebeln bereits wieder herausgenommen wurden.

Bunte Sommerblumen

Wer ein Schiebefenster hat, das sich zur Seite öffnet, kann zumindest eine Hälfte des Fenstersimses leicht erreichen. Ist das Sims schmal, nimmt man am besten schmale Kunststoffbehälter. Vielleicht müssen sie gekauft werden, sie halten aber auch sehr lange. Möglicherweise gibt es jedoch im Haushalt alte Behälter in der richtigen Größe. Sie müssen sauber sein und Abzugslöcher haben (s.S. 32).

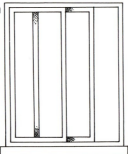

Im Sommer halten Kunststoffkästen die Feuchtigkeit besser als Tonbehälter, und gerade zu dieser Zeit brauchen die Pflanzen auch das meiste Wasser.

Möchte man Pflanzen aus Samen ziehen, sät man sie zunächst im Haus in Saatschalen und setzt die Pflanzen im Frühjahr in die Kästen. Die Einjährigen werden im März oder April gesät. Man kann auch einige Pflanzen aus Samen ziehen und andere dazukaufen. Kriechender Efeu verdeckt den Blumenbehälter. Er läßt sich leicht durch Stecklinge vermehren (s.S. 29).

Tagetes Bed. W Ej
Efeu
Leberbalsam Bed. W Ej
Stiefmütterchen W Mj
Steinkraut W Mj
Mittagsblume Bed. W Ej
Singrün W Mj

Auch bei einem Kippfenster kommt man leicht an den Kasten heran. Wenn sich das Fenster allerdings nach außen öffnet, muß der Kasten unterhalb des Fensters angebracht werden, denn sonst läßt es sich nicht mehr öffnen. Solche Fenster haben meist schmale Simse. Der

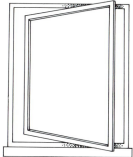

Kasten muß mit Schrauben und Trägern an der Wand befestigt werden. Dazu bohrt man in die Wand und auch in den Kasten Löcher. Wer im Parterre wohnt, sollte lieber leichte Kästen innen auf das Fensterbrett stellen.

Einjährige Pflanzen kann man im Haus in Saatschalen anziehen (s.S. 24) oder aber (zumindest einige der Pflanzen) kaufen. Efeupelargonien lassen sich aus Stecklingen ziehen (s.S. 29). Wenn man das im Sommer macht, kann man die neuen Pflanzen im folgenden Frühjahr in die Kästen setzen. Keine dieser Pflanzen wird sehr groß. Große Pflanzen würden auch beim Öffnen des Fensters zerquetscht werden.

Hängepflanzen verdecken die Träger. Man muß daran denken, daß Pflanzen, die im Sommer in Kästen wachsen, oft gegossen werden müssen und nicht austrocknen dürfen. Möglicherweise ist es praktischer, wenn man zwei leichte Kunststoffbehälter in den Holzkasten setzt. Sonst muß man noch eine Schale unter den Kasten stellen, damit kein Wasser heruntertropft.

Maßliebchen W Zj
Petunie Bed. W Ej
Zinnie Bed. W Ej
Winde W Ej
Efeupelargonie (Geranie) Bed. W Mj

Frisches Gemüse und Kräuter

Bei einem Flügelfenster, das sich nach außen öffnet, sollte der Kasten innen stehen. Ist das Fensterbrett zu schmal, kann man einen Tisch davorstellen. Falls die Blumenkästen auf den Boden gesetzt werden, muß man die Pflanzen sehr sorgfältig aussuchen, es sei denn, die Stelle ist hell genug. Der Kasten kann natürlich auch draußen unter dem Fenster angebracht werden (s.S. 17).

Es macht Spaß, Gemüse zu ziehen, und noch mehr Spaß, das eigene Gemüse zu ernten! Ein paar Pflanzen kosten fast nichts, und man hat immer etwas Frisches zur Hand.
Im Frühling kann man die Samen direkt in den Blumenkasten säen. Zwergsorten sind am besten geeignet, weil sie nicht sehr groß werden. Man sollte die Gebrauchsanweisungen auf den Samentütchen immer genau befolgen. Tomaten werden am besten als Pflanzen gekauft. Nebentriebe, die sich zwischen dem Hauptstamm und den Blättern entwickeln, zwickt man aus. Man darf aber keine Blütentrauben entfernen!
Die Pflanzen müssen gestützt, gegossen und mit einem Flüssigdünger gedüngt werden.

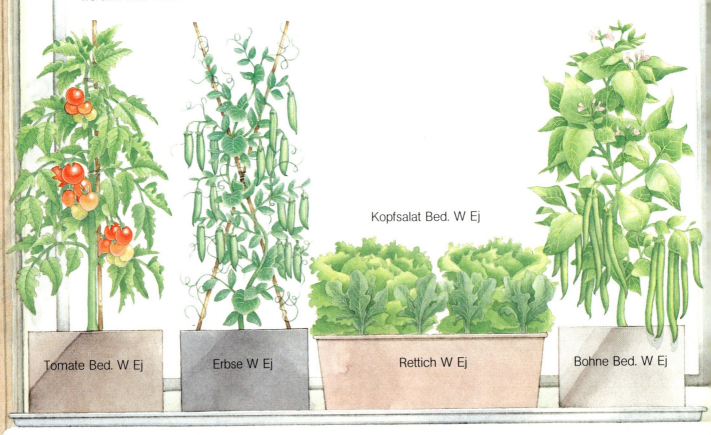

Tomate Bed. W Ej | Erbse W Ej | Kopfsalat Bed. W Ej | Rettich W Ej | Bohne Bed. W Ej

Auch Kräuter sind leicht zu ziehen, sie sehen hübsch aus, duften und schmecken außerdem gut, wenn man sie ins Essen gibt. Ein sonniges Küchenfensterbrett ist ein guter Anbauplatz. Wenn man zum Kochen Kräuter braucht, schneidet man Blätter und Zweige einfach mit einer scharfen Schere ab.
Manche Kräuter, wie Salbei und Thymian, sind das ganze Jahr über grün. Man kann sie im Frühling oder Sommer aus Samen oder Stecklingen ziehen.
Minze vermehrt man durch Wurzelstücke. Diese werden etwa 2,5 cm tief flach in die Erde gepflanzt. Wenn man im Frühling pflanzt, kann man bald viel Minze ernten. Die oberirdischen Teile der Pflanze sterben im Winter ab, aber sie treibt im nächsten Frühjahr neu aus.
Schnittlauch hat kleine Brutknollen, die sich leicht abtrennen und einzeln einpflanzen lassen. Jede entwickelt eine neue Pflanze. Blütenstengel schneidet man heraus, sobald man sie entdeckt. Blätter werden über dem Boden abgeschnitten.
Petersilie wird im April aus Samen gezogen. Man muß dabei Geduld haben, denn sie keimen sehr langsam.
Majoran kann man ebenfalls aus Samen ziehen.
Salbei und Thymian mögen trockene Erde. Schnittlauch, Minze, Petersilie und Majoran brauchen mehr Feuchtigkeit.

Majoran Mj
Salbei Mj/S
Petersilie W Ej
Thymian W Mj/HS
Minze W Mj
Schnittlauch W Mj

Herbst auf dem Fensterbrett

Pelargonie (Geranie) Bed. W Mj

Löwenmäulchen Bed. W Ej

Apfelsinenkisten oder alte Büchsen eignen sich gut als Blumenbehälter (s.S. 32). Mit Geranien bleibt der Blumenkasten bis zum ersten Frost farbig, dann muß man sie aber ins Haus nehmen. Geranien lassen sich aus Stecklingen ziehen (s.S. 29). Oder man sät sie aus. Da es viele verschiedene Sorten gibt, sucht man am besten in einem Samenkatalog die schönsten aus.

Zonalpelargonien blühen am längsten. Die Samen werden im Februar in eine Saatschale gesät, die an einen warmen Platz gestellt und feuchtgehalten werden muß. Wenn die Pflänzchen ihr zweites Blattpaar geöffnet haben, pikiert man sie in einen Holzkasten (s.S. 24). Später setzt man sie in 10-cm-Töpfe und gießt sie regelmäßig. Ende Mai kann man sie in einen Kasten nach draußen pflanzen. Im Herbst wird jede Pflanze in einen eigenen Topf gesetzt und ins Haus genommen. Im Winter gießt man sie nicht zu viel und stellt sie am besten an einen sonnigen Platz. Löwenmäulchen lassen sich auch aus Samen ziehen (s.S. 24). Sie blühen bis zum ersten Frost. Die Blüten stehen in Trauben. Verwelkte Blütenstände werden abgeschnitten, damit neue nachwachsen.

Auch Geschirr, Wasserkessel oder Metalleimer sind für das Fensterbrett geeignet (s.S. 32). Weil Metallbehälter in der Sonne heiß werden, muß man aufpassen, daß die Pflanzen nicht austrocknen.

Alle diese Pflanzen kann man in den Kasten setzen, wenn die Frühlingsblumen verblüht sind. Sie werden den ganzen Sommer über bis zum ersten Frost blühen. Efeu versucht man aus Stecklingen zu ziehen (s.S. 29). Fuchsien kauft man besser als Pflanzen. Man kann im Sommer aber auch von alten Pflanzen Stecklinge abschneiden.

Lobelien werden aus Samen in einer Saatschale gezogen (s.S. 24). Beim Pikieren nimmt man anstatt eines Sämlings drei auf einmal, denn sie sind sehr klein. Auch Begonien werden ausgesät. Am besten eignen sich Semperflorens-Begonien, weil ihre Sorten länger blühen. Vor dem ersten Frost sollten die Begonien in einzelne Töpfe gepflanzt und auf ein sonniges Fensterbrett gestellt werden, wo sie bis in den Winter hinein blühen.

Pflanzen für den Winter

Bei einem Kippfenster, das sich an der Unterseite nach außen öffnet, muß man den Kasten an der Hauswand befestigen (s.S. 17). Man kann aber während des Winters auch Pflanzen in Behältern auf dem Fensterbrett ziehen. Diese sollten klein und leicht sein, damit man sie immer beiseite stellen kann, wenn das Fenster geöffnet werden muß. Wenn Pflanzen im Freien überwintern sollen, muß man zuerst feststellen, welche dafür geeignet sind. Heidekraut wächst zum Beispiel draußen weiter.

Einige Pflanzen, die bei wärmerer Witterung im Freien wachsen, wie Geranien und Begonien können im Winter in Töpfen auf einem sonnigen Fensterbrett weiterblühen. Auch Primeln und Stiefmütterchen kann man so ziehen, daß sie während des Winters im Zimmer Blüten entwickeln. Man schaut am besten einen Samenkatalog an, um geeignete Sorten zu finden. Die Samen werden im Mai in Saatschalen gesät und die Pflänzchen im Winter in Töpfe oder Kästen gesetzt, damit sie im Januar blühen.

Begonie Bed. W Mj

Krokus Kn

Primel Bed. W Ej

Stiefmütterchen W Mj

Blüten zur Weihnachtszeit

Ein Fensterbrett sieht an grauen Wintertagen freundlicher aus, wenn Pflanzen darauf blühen. Pflanzt man im September Zwiebeln ein, dann hat man an Weihnachten einen blühenden Fensterschmuck.

Je nachdem, ob die Blumen an Weihnachten oder später blühen sollen, setzt man die Zwiebeln im September oder Oktober in die Erde.

Wenn man während des Winters im Haus Zwiebeln zum Blühen bringt, nennt man das „Treiben". Krokusse, Iris und besonders behandelte Hyazinthen, Narzissen und Tulpen können getrieben werden, damit sie zu Weihnachten blühen.

Im Samenkatalog steht, welche die geeigneten Sorten dafür sind. Man kann Zwiebeln im Spätsommer in einer Samenhandlung kaufen oder sie aus dem Katalog bestellen. Im zweiten Fall muß man sicher sein, daß die Zwiebeln rechtzeitig zum Pflanzen geschickt werden (s.S. 26).

Hyazinthe Zw

Narzisse Zw

Aussaat

Man kauft im März oder April in einer Samenhandlung oder in einem Gartencenter Samentütchen und Blumenerde. Einjährige Pflanzen sät man im April, dann kann man sie im Mai in die Kästen nach draußen pflanzen. Zwei- und Mehrjährige werden im Mai oder Juni gesät. Diese Pflanzen setzt man von September bis Mitte Oktober in die Kästen. Bei Wintereinbruch müssen sie fest angewachsen sein.

Man braucht:
Flache Kiste oder Saatschalen
Anzuchterde
Samen
Alte Gabel
Gießkanne mit feiner Brause
Große Plastiktüte
Gummi
Plastikschildchen und Klebestreifen

1. Mit dem Finger werden parallel zur langen Kastenseite Rillen in der Erde gezogen.

2. Vor der Aussaat wird die Erde gewässert. Kleine Samen werden dünn in Reihen gesät.

3. Für größere Samen drückt man mit dem Finger Löcher in die Erde.

4. Behutsam wird eine dünne Schicht Erde über die Samen geharkt und diese gegossen.

5. Man schreibt die genaue Bezeichnung der gesäten Samen auf ein Schild und klebt es fest.

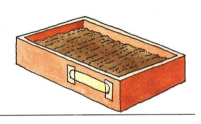

6. Der Kasten kommt in die Tüte, diese wird mit dem Gummi verschlossen und warm und dunkel gestellt.

7. Die Tüte wird erst wieder entfernt, wenn Sämlinge gewachsen sind. Nun kommt der Kasten an einen warmen, hellen Platz.

8. Sobald sich das zweite Paar echter Blätter öffnet, werden die Pflänzchen pikiert.

9. Mit der Gabel gräbt man in einem anderen Kasten Löcher, die groß genug für die Wurzeln sind.

10. Man setzt in jedes Loch einen Sämling, drückt die Erde an und gießt behutsam.

11. Die Sämlinge brauchen gleichbleibende Bedingungen, bis sie nach draußen kommen.

Einen Blumenkasten bepflanzen

Die Blumenerde, die in die Kästen gefüllt wird, ist für ein gesundes Wachstum der Pflanzen ganz besonders wichtig. Es lohnt sich deshalb wirklich, Geld für einen Beutel qualitativ gute Erde auszugeben. Außerdem sollte man sich einen kleinen Handspaten und eine Gabel kaufen.

Man braucht:
Blumenkasten
Scherben von Geschirr oder Tontöpfen
Blumenerde
Kleine Steine oder Kiesel
Gabel
Alten Löffel oder Handspaten
Gießkanne mit feiner Brause

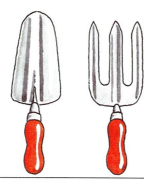

1. Über jedes Abzugsloch kommt eine Scherbe so, daß die scharfen Kanten nach unten weisen.

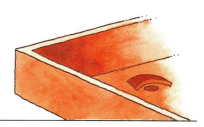

2. Dann wird auf dem Boden der Kiste eine gleichmäßige Schicht Steinchen verteilt.

3. Der Kasten wird bis 2,5 cm unterhalb vom Rand mit Erde gefüllt.

4. Die Oberfläche wird sorgfältig geebnet.

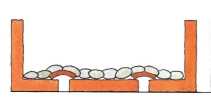 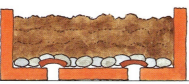 

5. Mit dem Löffel gräbt man für jede Pflanze ein Loch.

6. Die Pflanzen werden vorsichtig so eingesetzt, daß sich die Wurzeln ausbreiten können.

7. Die Erde um die Pflanzen herum andrücken und vorsichtig gießen.

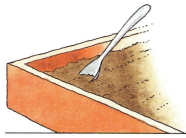 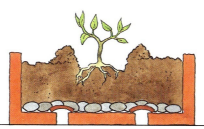 

8. Die Erde sollte einmal im Jahr beim Einsetzen neuer Pflanzen ausgewechselt werden. Ab und zu muß man die Erde harken, damit Luft in den Boden gelangt.

Zwiebeln treiben

Wer an Weihnachten oder im Januar blühende Pflanzen auf sein Fensterbrett stellen möchte, sollte die Zwiebeln gegen Ende des vorangehenden Sommers kaufen. Es müssen besonders behandelte Zwiebeln sein – nicht alle Sorten können getrieben werden. Man setzt sie zwischen Ende September und Anfang Oktober in die Töpfe. Zuvor muß man sie an einem kühlen, dunklen Platz lagern.

Man braucht:
Zwiebeln
Fasertorf
Eimer mit Wasser
Töpfe oder Schalen ohne Abzugslöcher
Gießkanne
Stäbe und Schnur

1. Der Torf wird über Nacht eingeweicht und dann ausgedrückt, so daß er feucht, aber nicht naß ist.

2. Man füllt die Schale bis 8 cm unter den Rand mit Torf. Die Zwiebeln werden mit den Spitzen nach oben in Abständen von 2,5 cm vorsichtig, aber fest in den Torf gedrückt. So pflanzt man Tulpen, Narzissen und Hyazinthen. Bei anderen Zwiebeln muß die beiliegende Gebrauchsanweisung beachtet werden.

3. Es wird weiterer Torf aufgefüllt. Die Spitzen der Zwiebeln müssen aber noch herausschauen.

4. Die Schale wird etwa acht Wochen an einen kühlen, dunklen Platz gestellt. Der Torf darf nicht austrocknen, deshalb wird, wenn nötig, gegossen.

5. Narzissen stellt man drei Tage ins Licht, sobald die Triebe etwa 10 cm groß sind. Hyazinthen kommen ins Licht, wenn man die Blütenknospen sieht.

6. Bis zur Blüte werden die Schalen in die Sonne gestellt. Man dreht die Gefäße, damit die Stengel gerade wachsen.

7. Wenn sich die Blüten öffnen, stellt man sie schattig. Eventuell muß man sie stützen.

8. Verwelkte Blütenstengel werden entfernt. Die Blätter läßt man absterben, dann blüht die Pflanze nächstes Jahr wieder. Zwiebeln können kein zweites Mal getrieben werden. Man kann sie jedoch in den Garten setzen.

Zwiebeln und Knollen pflanzen

Wenn man Zwiebeln ziehen will, die im Frühling blühen, muß man sie im Herbst pflanzen. Sie werden gegen Ende des Sommers gekauft. Man muß dabei beachten, daß es Zwiebeln sind, die zur richtigen Jahreszeit blühen. Knollen werden genauso wie Zwiebeln gepflanzt.

Man braucht:
Zwiebeln
Fasertorf
Eimer mit Wasser
Scherben
Kiesel und kleine Steine
Gießkanne
Stäbe und Schnur
Scharfe Schere

1. Der Torf wird über Nacht eingeweicht und dann ausgedrückt, so daß er feucht, aber nicht naß ist.

2. Über die Abzugslöcher des Blumenkastens werden Scherben gelegt.

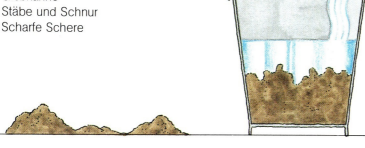

3. Auf den Boden des Kastens kommt eine Schicht Steinchen.

4. Dann wird der Kasten nach und nach mit Torf gefüllt. Die Menge hängt davon ab, wieviele Lagen Zwiebeln man pflanzen will (s. Abb. 6).

5. Die Zwiebeln werden behutsam, aber fest mit den Spitzen nach oben in den Torf gedrückt, und zwar so tief, wie sie groß sind. Besonderheiten sind in der Gebrauchsanweisung, die den Zwiebeln beiliegt, nachzulesen.

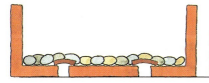 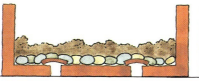 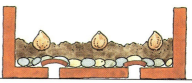

6. Wenn der Kasten tief genug ist, kann man zwei Lagen pflanzen. Drei Zwiebeln kommen in die untere Lage und zwei in die Zwischenräume darüber.

7. Der Kasten wird mit Torf aufgefüllt, bis die Zwiebeln vollständig bedeckt sind. Die Pflanzen müssen, während sie wachsen, gegossen und gestützt werden.

8. Man schneidet verwelkte Blüten ab und läßt die Blätter absterben. Dann pflanzt man die Zwiebeln in den Garten oder bewahrt sie bis zum nächsten Jahr an einem warmen trockenen Platz auf.

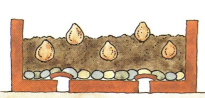  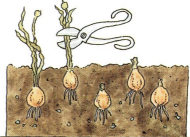

Kerne und Nüsse

Die Kerne von Orangen oder Avocados wirft man nicht weg, wenn man die Früchte gegessen hat. Man kann nämlich winzige Bäume daraus ziehen, wenngleich diese keine Früchte tragen werden. Auch Erdnüsse haben hübsche Blätter, und später kann man sogar die Nüsse ernten.

Man braucht:
1 Avocadokern
3 Orangenkerne
3 Erdnüsse mit Schalen
4 Zahnstocher
1 Glas
7 Töpfe mit 15 cm ø, die mit Blumenerde gefüllt sind

1. **Avocado** Der Kern einer frischen Avocado wird einen Tag in Wasser gelegt.

2. Man steckt vier Zahnstocher in das dicke Ende des Kerns, um ihn zu stützen.

3. Der Kern wird mit dem dicken Ende auf ein Glas gesetzt, so daß der untere Teil des Kerns 12 mm im Wasser ist.

4. Das Glas wird auf ein Fensterbrett gestellt. Der Wasserspiegel muß immer auf der gleichen Höhe gehalten werden.

5. Wenn der Kern keimt, pflanzt man ihn wie gezeigt in einen Topf mit Erde, stellt ihn auf ein Fensterbrett und gießt.

1. **Orangenkerne** Man steckt drei Kerne in einen Topf und stellt diesen an einen warmen, dunklen Platz.

2. Wenn die Kerne keimen, kommt der Topf auf ein sonniges Fensterbrett und wird gegossen.

3. Wenn die Sämlinge zwei Blattpaare entwickelt haben, werden sie in eigene Töpfe gepflanzt.

1. **Erdnüsse** Drei Nüsse werden ohne Schale eingepflanzt, auf ein warmes Fensterbrett gestellt und gegossen.

2. Nach dem Ausbilden des zweiten Blattpaares kommt jeder Sämling in einen Topf. Gießen und auf Blüten achten.

3. Wenn die Blüten verwelken, werden die Nüsse in die Erde gedrückt. Nun weniger gießen.

Wie man Pflanzen vermehrt

Eine Möglichkeit neue Pflanzen zu erhalten ist die, Stecklinge bewurzeln zu lassen. Da man aber bei verschiedenen Pflanzen die Stecklinge auf unterschiedliche Weise nimmt, muß man darauf achten, daß man bei den einzelnen Pflanzen richtig vorgeht.

Man braucht:
Scharfe Schere
2 Stäbe und Plastiktüte
3 Töpfe mit 5 cm ø voll Erde
1 Topf mit 15 cm ø mit Sand und Torf
Bewurzelungsmittel
Glas mit Wasser
Kiesel
Gießkanne

1. Von einer Semperflorens-Begonie wird vom Hauptstamm ein Blatt mit Stengel abgeschnitten.

2. Man pflanzt es in einen Topf und stülpt die Tüte über die Stäbe, bis es angewurzelt ist.

1. Geranientriebe werden im Sommer unterhalb des vierten Blattes abgeschnitten.

2. Jeder Trieb wird bis zum Ansatz des dritten Blattes gekürzt und dieses entfernt.

3. Man taucht den Trieb in ein Bewurzelungsmittel, damit er leichter Wurzeln bekommt.

4. Er wird in einen Topf mit einer Mischung aus Sand und Torf gepflanzt.

5. Man gießt gut und läßt den Topf vollständig trocken werden.

6. Wenn das Sand-Torfgemisch trocken ist, gießt man immer wieder ein bißchen.

1. Das Ende eines Efeus wird über einen Topf mit Erde gelegt und mit Kieseln festgehalten.

2. Wenn das Ende gut angewurzelt ist, schneidet man es von der Mutterpflanze ab.

Blumenkästen basteln

Einen Blumenkasten aus Holz kann man selbst bauen. Ein Holzkasten ist sehr gut, weil er in der Sonne nicht heiß wird, und die Erde deshalb die Feuchtigkeit länger hält. Hartholz ist am widerstandsfähigsten, allerdings ist Weichholz, wie etwa Kiefer, billiger. Wenn man das Holz in einer Holzhandlung kauft, kann man es gleich zuschneiden lassen. Auch alte Holzreste kann man benutzen. Die anderen Sachen, die benötigt werden, sind in einem Heimwerkermarkt zu bekommen, falls man sie nicht zu Hause hat.

Man braucht:
Bandmaß
5 Stücke Holz, zugeschnitten
Säge, falls das Holz zugeschnitten werden muß
Alte Zeitungen
Ein für Pflanzen unschädliches Holzschutzmittel
Pinsel
Bleistift
Nagel
Messingschrauben
Schraubenzieher
Hand- oder Elektrobohrer
Grundierung
Lackfarbe

2. Es werden Abzugslöcher in den Boden gebohrt. Jedes Loch sollte etwa 2,5 cm groß sein, die Löcher sollten 30 cm auseinanderliegen.

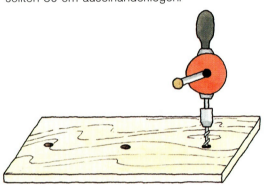

3. Man breitet Zeitungspapier aus, legt das Holz darauf und trägt mit einem alten Pinsel auf beiden Seiten Holzschutzmittel auf. Die eine Seite muß erst ganz trocken sein, bevor die andere gestrichen wird.

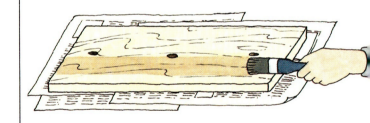

6. Man stellt den Kasten auf Zeitungspapier, streicht ihn mit Grundierung an und läßt diese gut trocknen.

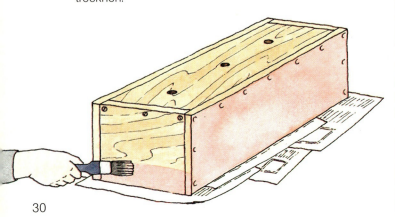

7. Dann trägt man Lackfarbe auf. Wenn die erste Schicht trocken ist, kommt eine zweite darüber. Auch diese muß trocknen. Die Pinsel werden hinterher saubergemacht.

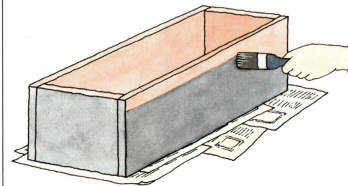

1. Der Kasten kann jede beliebige Länge haben, er sollte aber mindestens 25 cm tief sein, damit die Wurzeln der Pflanzen genug Platz haben. Man mißt die Länge und Breite des Fensterbrettes aus und zieht jeweils 10 cm ab. Das ist die Größe der Grundfläche. Um die richtige Länge der Seiten zu berechnen, muß man zu der Länge des Bodens noch zweimal die Dicke des Holzes an den Kopfenden hinzuzählen.

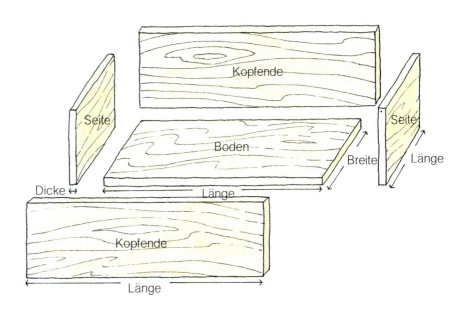

4. Man markiert mit einem Stift die Stellen, wo die Kopfenden an den Boden geschraubt werden, und macht mit dem Nagel kleine Löcher in die Markierungen, weil sich die Schrauben dann leichter mit dem Schraubenzieher hineindrehen lassen. Die Schrauben werden gerade hineingedreht und fest angezogen

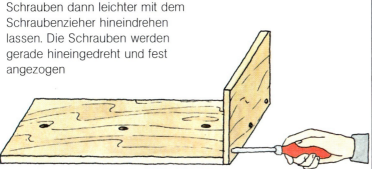

5. Die langen Teile auf die gleiche Weise an Boden und Kopfenden festschrauben.

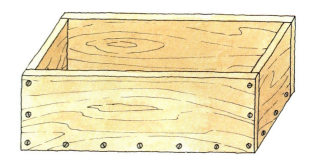

8. Den Kasten kann man schön verzieren: Man kann zum Beispiel seinen Namen daraufschreiben, Muster malen oder wasserfeste Abziehbilder aufkleben.

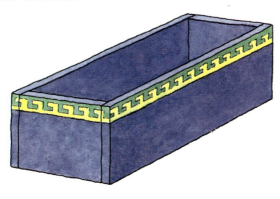

9. Wenn man den Kasten im Winter bastelt, kann man ihn im Frühjahr nach draußen bringen. Dann müssen nur noch Pflanzen hineingesetzt werden.

Originelle Blumenbehälter

Eine alte Apfelsinenkiste ist überall zu bekommen, und man kann leicht einen Blumenkasten daraus machen. Falls die anderen Dinge, die man braucht, zu Hause nicht zu finden sind, kann man sie in einem Heimwerkermarkt kaufen.

Man braucht:
Apfelsinenkiste
Dicke Kunststoffolie
Reißzwecken
Scharfe Schere
Scherben
Kleine Steine und Kiesel
Erde
Untersetzer

Man kann Pflanzen auch in Blechdosen jeder Größe und Form setzen, wenn man scharfe Kanten glättet und Löcher in den Boden stanzt. Zum Anmalen ist Lackfarbe am geeignetsten.

Man braucht:
Dosen und Dosenöffner
Lackfarbe und Pinsel
Scherben
Kleine Steine oder Kiesel
Erde
Untersetzer

Fast alles, was man zu Hause findet, kann man als Blumenbehälter verwenden. Altes Geschirr und Plastiktöpfe, Eimer und Kessel eignen sich prima. Falls man keine Abzugslöcher machen kann, stellt man ein kleineres Blechgefäß hinein, das Löcher hat. Es wird auf die beschriebene Weise gefüllt (s.S. 25).

1. Die Innenseite der Kiste wird mit Folie ausgekleidet, diese um die Ränder gefaltet und rundum mit Reißzwecken befestigt.

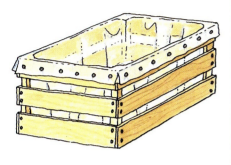

2. Mit der Schere sticht man zwischen den Bodenleisten Abzugslöcher in die Folie.

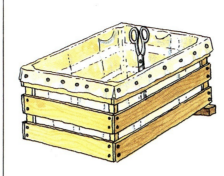

3. Die Apfelsinenkiste wird wie jeder andere Blumenkasten bepflanzt (s.S. 25). Den Untersetzer nicht vergessen!

Töpfe und Kästen kaufen

Wenn man über längere Zeit Pflanzen ziehen möchte, lohnt es sich, Kästen und Töpfe zu kaufen. Kunststoffkästen kosten wenig und halten sehr lange. Sie sind bepflanzt recht leicht und halten die Feuchtigkeit nach dem Gießen sehr gut. Man bekommt sie in fast allen Farben und Größen, und die meisten eignen sich für das Fenster. Untersetzer kaufen nicht vergessen!

Ein Holzkasten ist oft teurer, hält aber lang, wenn man ihn richtig behandelt. Zunächst muß man das Fensterbrett ausmessen, um die richtige Größe zu kaufen. Außerdem braucht er einen Holzschutz (s.S. 30).

Ferner gibt es Behälter aus Fiberglas, Beton und Stein. Sie sind teurer und schwer, und deshalb ist vielleicht Kunststoff, Holz oder Ton besser. Kästen und Töpfe aus den schweren Materialien eignen sich mehr für Balkone. Dort ist ausreichend Platz, und man kann sie so aufstellen, daß sie nicht herunterfallen und daß das Tropfwasser nicht schadet.

Tontöpfe kann man sowohl innen als auch außen vor das Fenster stellen. Falls die Stellfläche schräg ist, muß man aufpassen, daß die Töpfe nicht herunterkippen. Tonbehälter gibt es in vielen Formen und Größen.

Sämlinge großziehen

Wenn die Sämlinge erst einmal aus der Plastiktüte genommen sind und im Licht stehen (s.S. 24), kann man ihr Wachstum auf verschiedene Weise fördern.

Man braucht:
Für jeden Sämling ein Glas

Über jeden Sämling wird umgekehrt ein Glas gestellt. Es muß sauber sein. Dadurch bleiben die Sämlinge feucht, und man muß sie nicht so viel gießen. Die Gläser werden so lange über den Sämlingen stehengelassen, bis diese kräftig gewachsen sind.

Man braucht:
4 Pflöcke und Schnur
Durchsichtige Folie
Reißzwecken

In jede Ecke des Kastens kommt ein Pflock. Der Kasten wird so mit der Folie abgedeckt, daß diese über die Seiten hängt. Die Folie darf die Sämlinge nicht berühren. Man befestigt sie mit Reißzwecken und läßt nur eine Seite offen. Diese hält man beim Gießen hoch. Man muß jedoch sicher nicht viel gießen.

Man braucht:
Polyester-Wellbahn
Reißzwecken und scharfe Schere

Man muß nicht unbedingt Wellbahn kaufen. Gläser oder gewöhnliche Folie eignen sich genausogut. Falls sich aber zu Hause Reste finden, kann man sie benutzen. Die Wellbahn wird zunächst mit Reißzwecken an einer der langen Seiten des Kastens befestigt, dann über den Kasten gebogen und auf der anderen Seite festgemacht. Man schneidet für die Kopfseiten eine normale Folie zurecht und läßt eine Seite offen.

Kälteschutz für Blumenkästen

Nur wenige Pflanzen blühen im Winter im Freien. Aber einige können länger draußen bleiben, wenn sie mit Folie geschützt werden. Man kann sogar zwei Kästen an einem Fenster befestigen; einer kommt auf das Fenstersims und der andere wird auf halber Fensterhöhe angebracht.

Man muß aber zuerst feststellen, ob man dort einen Kasten anbringen kann, denn es kommt weniger Licht ins Zimmer, und vielleicht kann man das Fenster dann nicht mehr öffnen.

Man braucht:
Holzkasten
Träger und Schrauben
Hand- oder Elektrobohrer
Große Kunststoffplane
Reißzwecken

Man deckt die Kästen vollständig mit Folie ab, indem man diese rundum mit Reißzwecken am Fensterrahmen befestigt. Es wird oben begonnen, dann befestigt man die Seiten und schließlich das untere Ende. Manche Blumen, wie zum Beispiel Zwerglöwenmäulchen, Fuchsien und Begonien können auf diese Weise bis zum ersten Frost im Freien bleiben. Wenn Heidekraut und winterharte Küchenkräuter in die Kästen gepflanzt werden, kann man diese sogar den ganzen Winter über draußen lassen. Dann hat man selbst an den trübsten Tagen eine „grüne" Aussicht.

Was ist Hydrokultur?

Hydrokultur ist eigentlich komplizierter zu erklären als durchzuführen. Es bedeutet, daß man Pflanzen ohne Erde zieht. Fast alles, was in Erde gedeiht, wächst auch in Hydrokultur. Es geht sogar viel leichter und schneller. Pflanzen, die in Erde wachsen, brauchen Wasser und Dünger. Bei Hydrokultur verwendet man anstelle der Erde ein sogenanntes Füllsubstrat. Dann fügt man Wasser und eine Nährlösung hinzu. Alles das kann man in einem Gartencenter kaufen.

Wenn man Pflanzen in Hydrokultur zieht, muß man kein Unkraut entfernen. Außerdem braucht man nicht viel Platz. Die Pflanzen müssen ihre Wurzeln nicht auf der Suche nach Nahrung ausbreiten und können im Kasten enger zusammengesetzt werden. Sie wachsen auch schneller!

Man muß nur zwei Dinge berücksichtigen: Die Pflanzen brauchen eine gute Entwässerung, weil die Wurzeln viel Luft benötigen, und sie brauchen eine Nährlösung.

Unten ist gezeigt, wie man einen Topf in Hydrokultur bepflanzt. In das Abzugsloch wird von unten ein Stöpsel gesteckt. Auf den Boden kommt eine Schicht sauberer Kiesel oder Scherben, dann wird der Topf bis 1 cm unterhalb vom Rand mit Sand gefüllt. Nun kann man ganz normal Samen aussäen oder Pflanzen einsetzen.

Ein einfacher Versuch

Ganz leicht lassen sich Senf und Kresse in Hydrokultur ziehen. Die wenigsten Leute wissen aber, daß dies Hydrokultur ist. Man darf nicht zu viele Samen auf einmal säen, sonst hat man an einem Tag zu viele Sämlinge zum Essen. Man kann ja immer wieder neue Samen aussäen, wenn die ersten gekeimt sind.

Man braucht:
Flanell oder Filz
Schale
Senf- und Kressesamen
Papier
Scharfe Schere

1. Der Flanell wird in die Schale gelegt und naßgemacht.

2. Nun streut man Samen auf den Flanell. Am besten gibt man auf die eine Hälfte Senfsamen und auf die andere Kressesamen und gießt anschließend.

3. Die Schale wird mit einem Stück Papier bedeckt und einige Tage stehengelassen. Der Flanell muß immer feucht sein.

4. Sobald die Sämlinge wachsen, nimmt man das Papier weg und stellt die Schale auf ein Fensterbrett, auf das die Sonne nicht direkt scheint.

5. Wenn die Sämlinge etwa 3 cm groß sind, kann man sie mit einer scharfen Schere abschneiden.

Hydrokultur für Kräuter

Besonders leicht lassen sich Kräuter in Hydrokultur ziehen. Auch hier ist der geeignetste Platz ein Küchenfensterbrett. Während sie wachsen, kann man sie abschneiden und zum Kochen verwenden. Alle Kräuter, die in Erde wachsen, gedeihen auch in Hydrokultur.

Wenn man alte Büchsen nimmt, muß man Löcher in den Boden schlagen, weil eine gute Entwässerung bei der Hydrokultur sehr wichtig ist. Die Büchsen sollten mit Lackfarbe bemalt werden und vollständig trocknen, bevor man sie bepflanzt. Natürlich darf man nicht vergessen, Stöpsel in die Löcher zu stecken (s.S. 43).

Nun können die Samen genauso wie in Blumenerde (s.S. 45) gesät werden. Die Gebrauchsanweisung auf den Samentütchen sollte beachtet werden.

Auf diese Weise hat man das ganze Jahr über frische Kräuter, mit denen das Essen gewürzt werden kann.

Thymian Knoblauch Minze Petersilie

Hydrokultur für Gemüse

Das gleiche, was für Kräuter gilt, gilt auch für Gemüse. Alles, was in Erde wächst, kann auch ohne Erde gezogen werden.

Die hier abgebildeten Gemüse sind nur einige von vielen. Beim Kauf der Samen muß man daran denken, daß die Pflanzen auf dem Fensterbrett wachsen, also sind Zwergsorten am besten.

Man kann verschiedene Behälter und Töpfe verwenden. Auch eine Apfelsinenkiste eignet sich gut für die Hydrokultur (s.S. 42).

Da die Samen dichter ausgesät werden können, kann man kleinere Behälter benutzen. Oder die Ernte wird größer, weil man mehr Pflanzen ziehen kann.

Tomate

Rote Beete

Knoblauch

Geeignete Behälter

Jeder Behälter mit einer Entwässerungsmöglichkeit ist für die Hydrokultur geeignet, und Abzugslöcher lassen sich leicht bohren. Einen Hydro-Kasten für Pflanzen kann man auf die hier gezeigte Weise leicht selber basteln.

Man braucht:
Apfelsinenkiste
Dicke Folie
Reißzwecken
Scharfe Schere
Lineal
Korken

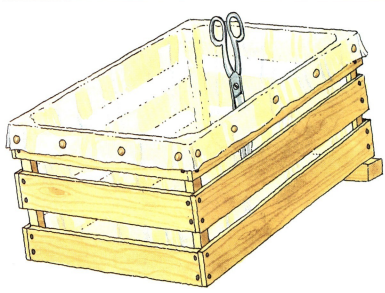

2. Mit der Schere werden zwischen den Latten vorsichtig Löcher in die Folie gebohrt. Am besten mißt man die Abstände mit einem Lineal aus.

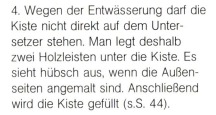

4. Wegen der Entwässerung darf die Kiste nicht direkt auf dem Untersetzer stehen. Man legt deshalb zwei Holzleisten unter die Kiste. Es sieht hübsch aus, wenn die Außenseiten angemalt sind. Anschließend wird die Kiste gefüllt (s.S. 44).

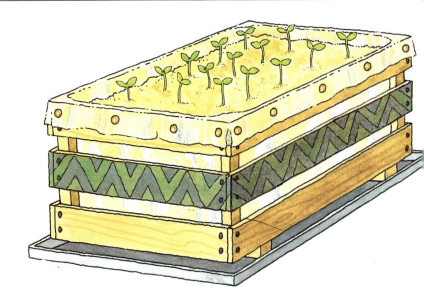

1. Apfelsinenkisten lassen sich sowohl für Hydrokultur als auch für Erde verwenden. War ein Kasten bereits schon einmal mit Erde gefüllt, muß man die Folie erneuern. Pflanzen, die in einem Füllsubstrat wachsen, dürfen niemals mit Erde in Berührung kommen. Die Kiste wird innen mit der Folie ausgekleidet, die man um die Kanten faltet und rundum mit Reißzwecken befestigt.

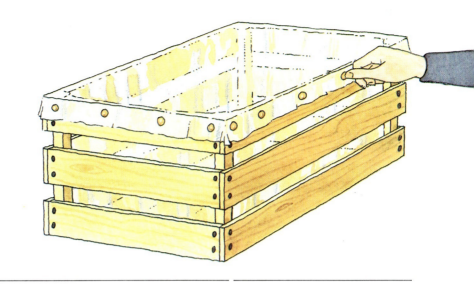

3. Man steckt von unten Korken in die Löcher, drückt sie aber nicht zu fest hinein, denn man muß sie ab und zu wieder herausnehmen. Korken bekommt man in Eisenwarenhandlungen und Drogerien.

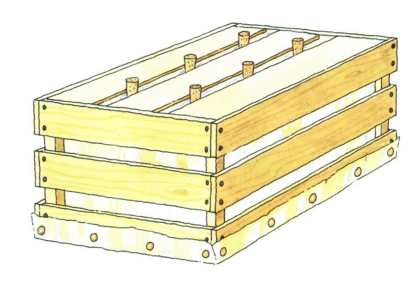

Falls Büchsen für die Hydrokultur verwendet werden, müssen scharfe Kanten geglättet und Löcher in den Boden gestanzt werden. Bemalt man die Büchsen mit Lackfarbe, muß die Farbe erst vollständig trocknen, bevor die Büchse gefüllt wird (s.S. 44). Auch hier müssen die Löcher mit Korken verschlossen werden.
Plastiktöpfe können ebenfalls verwendet werden, sie müssen aber ganz sauber sein. Vor dem Füllen schneidet man Löcher in den Boden und steckt Korken hinein (s.S. 44).

Mit Sand beginnen

Man kann Sand oder Mischungen aus Sand und Vermiculit, Sand und Perlit oder Sand und feinem Kies verwenden. Alle diese Materialien bekommt man in einem Gartenfachgeschäft. Sogar Holzkohle und viele andere Materialien sind geeignet. Die Holzkohle wird zuerst gewaschen, bevor man sie mit dem Sand vermischt. Auf zwei Tassen Sand kommen drei Tassen des anderen Materials.

Man braucht:
Hydro-Behälter
Passende Stöpsel
Holzleisten
Untersetzer
Saubere Kiesel
Sand
Ein anderes Füllsubstrat
Tasse zum Abmessen
Gießkanne

1. Man setzt die Stöpsel ein und legt die Holzleisten unter die kurzen Seiten des Behälters, damit er etwas erhöht steht.

2. Auf den Boden kommt eine Schicht Kiesel. Dadurch ist für eine gute Entwässerung gesorgt, weil der Sand die Löcher nicht verstopfen kann.

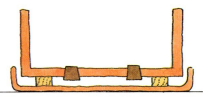 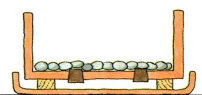

3. Man mischt das Füllsubstrat wie oben beschrieben und füllt den Kasten mit der Mischung bis gut einen Zentimeter unterhalb vom Rand auf.

4. Das Substrat wird gut gegossen. Es sollte so feucht wie ein gerade ausgedrückter Schwamm sein.

5. Das Substrat sollte das Wasser etwa eine halbe Stunde lang aufsaugen können.

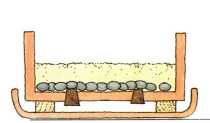 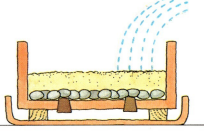 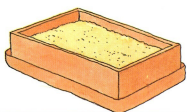

6. Dann werden die Stöpsel herausgezogen, damit überschüssiges Wasser abfließen kann.

7. Man steckt die Stöpsel wieder hinein und gießt noch einmal, diesmal aber nur so viel, daß das Substrat angefeuchtet ist.

8. Nun kann man Samen aussäen oder Pflanzen hineinsetzen (s.S. 45).

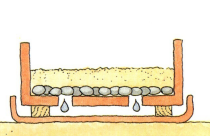 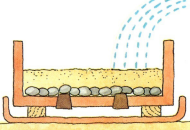 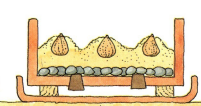

Säen und Pflanzen

In einem Hydro-Behälter Samen zu säen oder Zwiebeln zu setzen, ist sehr einfach. Außerdem werden die Pflanzen schnell wachsen, und sie können dichter als in Erde stehen. Es darf nicht vergessen werden, daß die Pflanzen regelmäßig mit Nährlösung versorgt werden müssen. Man kann diese flüssig oder als Tabletten kaufen. Die Gebrauchsanweisung auf den Packungen sollte genau beachtet werden.

Man braucht:
Vorbereiteten Behälter zum Bepflanzen
Zwiebeln
Alten Löffel oder Handspaten
Samen
Sand
Nährlösung
Gießkanne

1. Man gräbt für jede Zwiebel ein Loch in das Füllsubstrat und setzt die Zwiebeln mit den Spitzen oben behutsam, aber fest ein.

2. Mit den Fingern wird aus dem Substrat über jeder Zwiebel ein kleiner Hügel angehäuft. Die Spitzen müssen jedoch aus dem Substrat herausschauen.

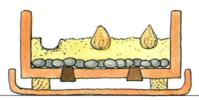

3. Kleine Samen sät man in Reihen.

4. Für große Samen drückt man mit dem Finger Löcher in das Substrat und steckt in jedes Loch einen Samen.

5. Die Samen werden mit einer Schicht Sand bedeckt, die gut 1 cm dick ist.

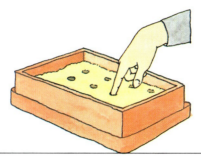

6. Die Samen oder Zwiebeln werden zweimal wöchentlich mit Nährlösung versorgt, und die Mischung wird feucht gehalten.

7. Hat man zuviel gegossen, muß man die Korken herausnehmen, damit das überschüssige Wasser ablaufen kann.

8. Alle drei Wochen müssen die Korken herausgezogen und das Füllsubstrat mit Wasser getränkt werden, um alte Nährlösung herauszuspülen. Dann setzt man die Korken wieder ein.

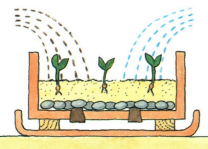
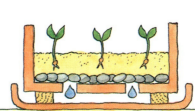

Sämlinge in Sand umpflanzen

Wenn man Sämlinge in Erde zieht, kann man sie herausnehmen und in eine Schale mit Hydrokultur pflanzen. Die Schale wird genau wie ein Kasten gefüllt (s.S. 44). Diese Verfahrensweise ist vor allem dann sinnvoll, wenn die Sämlinge in der Erde nur sehr langsam wachsen. Möglicherweise gedeihen sie in Hydrokultur besser.

Man braucht:
Vorbereitete Schale zum Bepflanzen
Gießkanne mit feiner Brause
Nährlösung

1. Man hält den Sämling an den Blättern unter langsam fließendes Wasser, bis die gesamte Erde von den Wurzeln abgespült ist. Es darf auf keinen Fall mehr Erde daran sein.

2. Mit dem Finger drückt man für jeden Sämling ein Loch in das Füllsubstrat. Dabei bewegt man den Finger im Loch hin und her, damit es groß genug für die Wurzeln wird.

3. In jedes Loch wird ein Sämling gesetzt. Dann wird das Füllsubstrat um jeden Sämling herum behutsam mit den Fingern angedrückt.

4. Die Sämlinge werden gegossen. Die Oberfläche des Füllsubstrats sollte feucht, aber nicht mit Wasser vollgesogen sein.

5. Erst nach einem Tag werden die Sämlinge mit der Nährlösung begossen.

Pflanzen in Hydrokultur umsetzen

Man kann auch größere Pflanzen aus der Erde eines Blumenkastens nehmen und in einen Kasten mit Hydrokultur setzen. Das ist dann besonders gut, wenn man nicht so recht weiß, wie feucht die Pflanze gehalten werden muß, oder wenn sie schneller wachsen soll. Außerdem läßt sich mit dieser Methode ein reicherer Ertrag an Gemüsen und Kräutern erzielen.

Man braucht:
Vorbereiteten Kasten zum Bepflanzen
Mit Wasser gemischtes Desinfektionsmittel (Gebrauchsanweisung beachten)
Wattestäbchen
Löffel oder Handspaten
Gießkanne
Nährlösung

1. Man hält die Pflanze am Stengel unter fließendes Wasser, damit die Erde von den Wurzeln abgespült wird. Es muß wirklich alle Erde weggewaschen werden.

2. Dann taucht man ein Wattestäbchen in das Desinfektionsmittel und streicht damit über die Wurzeln. Das Mittel muß sich natürlich für Pflanzen eignen.

3. Mit dem Löffel wird für jede Pflanze ein Loch gegraben. Die Wurzeln müssen genug Platz haben.

4. In jedes Loch kommt eine Pflanze. Die Wurzeln müssen im Substrat sitzen.

5. Man drückt das Substrat um jede Pflanze herum fest und gießt ein wenig.

6. Erst nach einem Tag dürfen die Pflanzen mit Nährlösung gegossen werden.

Stecklinge
Auch für Stecklinge ist Hydrokultur gut geeignet. Sie werden so schnell zu kräftigen Pflanzen heranwachsen. Weil bei verschiedenen Pflanzen die Stecklinge auf unterschiedliche Arten gewonnen werden, muß man darauf achten, welche die richtige für die jeweilige Pflanze ist.

Es gibt viele und sehr unterschiedliche Zimmerpflanzen, manche klettern, andere kriechen, sind buschig oder großblättrig, die einen haben große Blüten und andere nur sehr kleine.

Beinahe in jeder Wohnung werden Zimmerpflanzen gehalten, wenn auch mit unterschiedlichem Erfolg. Hinter das Geheimnis, wie Zimmerpflanzen gut gedeihen, ist leicht zu kommen. Man muß nur wissen, wieviel Licht, Wärme und Feuchtigkeit die verschiedenen Pflanzen brauchen. Außerdem wachsen sie in Gruppen viel besser, als wenn sie einzeln irgendwo im Zimmer stehen. Wer seine Zimmerpflanzen richtig pflegt und sorgsam mit ihnen umgeht, der wird viele Jahre Freude an seinen Pflanzen haben.

Zimmerpflanzen

Licht und Temperatur

Pflanzen müssen nach Licht und Temperatur des Zimmers ausgewählt werden, in dem sie stehen sollen, denn sie wachsen nicht richtig, wenn man sie an einen falschen Platz stellt. Man kann auch nicht Licht und Temperatur einfach ändern, bloß damit sie den Bedürfnissen der Pflanzen entsprechen. In einem Raum gibt es oft große Licht- und Temperaturunterschiede. Er kann hell wirken, aber je weiter eine Pflanze vom Fenster entfernt ist, desto weniger Licht bekommt sie. Doch Pflanzen brauchen das Licht zum Leben und können ohne es nicht gedeihen. Einige benötigen mehr Licht als andere. In der Übersicht auf S. 80 ist aufgeführt, wieviel Licht die verschiedenen Pflanzen brauchen. Manche Fenster haben mehr und stärkeres Licht als andere. Südfenster sind am hellsten. Direkte Sommersonne ist jedoch für die meisten Pflanzen zu heiß. Ostfenster bekommen am Morgen viel Sonne, und es herrschen während des ganzen Tages gute Lichtverhältnisse. Schattenliebende Pflanzen gedeihen an Ostfenstern gut, solange sie nicht direkt vor der Scheibe stehen.
Westfenster sind während des Tages länger hell als andere Fenster. Für einige Pflanzen ist die Sommersonne hier zu stark. Daher kommen an dieses Fenster Pflanzen, die viel Licht und Sonne mögen.
Nordfenster haben beständig, aber insgesamt weniger Licht und sind für viele Pflanzen der richtige Platz. Gutes Licht ist gewöhnlich besser als heiße, starke Sonne. Möglicherweise muß man die Pflanzen im Winter dichter an die Scheibe schieben, damit sie genügend Licht bekommen (Vorsicht vor trockener Kälte!), und sie im Sommer wieder etwas weiter vom Fenster wegstellen. Die Töpfe sollten immer wieder gedreht werden, damit die Pflanze von allen Seiten Licht bekommt. Sie reckt sich sonst nach dem Licht und wächst nicht gerade.

Einige Pflanzen mit gescheckten Blättern (sie haben verschiedenfarbige Flecken), sowie Narzissen, Hyazinthen, Chrysanthemen, Pelargonien und Kakteen, wachsen auch direkt in der Sonne.

Pfeffergesicht, Fensterblatt, Gummibaum und Fleißiges Lieschen gedeihen am besten an einem Westfenster, für Pflanzen mit dunkelgrünen Blättern eignen sich Nordfenster gut.

Ein Wohnzimmer ist bei Nacht meist kühler als am Tag, und die Luft kann trocken sein. Möglicherweise brauchen die Pflanzen hier also mehr Luftfeuchtigkeit.

In einem Schlafzimmer ist es gewöhnlich kühler als in einem Wohnzimmer, aber es ist genügend Licht und Luftfeuchtigkeit vorhanden. Wenn ein Raum kühl ist, darf man nicht zuviel gießen, denn die Erde bleibt länger feucht.

Küche und Badezimmer haben eine hohe Luftfeuchtigkeit. Die Lichtmenge beeinflußt die Temperatur. Wenn in der Wohnung ein sonniges Zimmer mit großen Fenstern ist, kann man dort wegen des guten Lichtes viele verschiedene Pflanzen ziehen. Im Sommer muß aber für genügend Frischluft und Luftfeuchtigkeit gesorgt werden, und man muß die Pflanzen vor der heißen Sommersonne schützen. Welche Pflanzen man ziehen kann, hängt auch von der Raumtemperatur im Winter ab.

Schlafzimmer nach Süden

Ein Südfenster bekommt viel Licht. Manche Pflanzen dürfen nicht direkt vor der Scheibe stehen, vor allem, wenn die Sonne im Sommer sehr stark ist.

Das Spornbüchschen ist eine buschige Pflanze, deren Blätter das ganze Jahr über grün sind. Von April bis Dezember blüht sie weiß und wird etwa 40 cm hoch.

Wenn man eine Marante bei Nacht anschaut, hat sie ihre Blätter gefaltet. Sie wird etwa 20 cm groß.

Der Weihnachtskaktus braucht eine Erdmischung aus je einem Teil Sand und Torf und zwei Teilen Lehm. Wenn die Pflanze von November bis Januar rote Blüten entwickelt, kann der Topf aufgehängt werden. Während der Blüte wird die Pflanze besprüht.

Die Tiger-Aloe blüht im März. Sie hat hübsche grüne und weiße Blätter, die in einer Rosette wachsen.

Der Goldkugelkaktus wird in Erde und grobem Sand oder in einer Spezialerde für Kakteen gezogen. Dieser Kaktus blüht im Zimmer fast nie.

Der Igel-Säulenkaktus wird schnell bis zu 20 cm groß. Er blüht im Sommer.

Auf den Blättern der Echeverie sind viele kleine Bläschen. Die Blätter wachsen in einer Rosette.

Der Geldbaum hat auffallende fleischige Blätter. Im Zimmer blüht er nur selten.

Grünlilie und Dreimasterblume wachsen fast überall. Sie gedeihen vor allem in Hängetöpfen gut. Damit die Dreimasterblume buschig wächst, werden die Spitzen ausgezwickt (s.S.72).

Philodendron ist einfach zu pflegen und erreicht eine Höhe von 1,80 m.

Spornbüchschen

Weihnachtskaktus

Marante

Schlafzimmer nach Norden

Ein Schlafzimmer nach Norden hat immer Licht, wenn auch nicht so viel wie ein Südfenster (s.S. 52).
Die Birkenfeige kann im Zimmer bis zu 1,80 m groß werden, und im Dschungel erreicht sie sogar eine Höhe von 12 m! Sie braucht viel Luftfeuchtigkeit. Die spitzen Blätter werden mit zunehmendem Alter dunkler.
Das Alpenveilchen benötigt während der Blüte von November bis März einen kühlen Platz und Luftfeuchtigkeit. Wenn die Blätter und Blüten verwelken, zwickt man sie mit dem ganzen Stengel von der Pflanze ab. Die Pflanze wird von unten gewässert und darf nicht austrocknen.
Chrysanthemen entwickeln auch im Haus hübsche Blüten in vielen Formen und Farben. Wenn diese Blüten verwelken, werden sie sofort mit den Stengeln abgeschnitten. Dann bildet die Pflanze neue Triebe aus, die als Stecklinge verwendet werden können, bevor man die alte Pflanze wegwirft.
Usambaraveilchen sind nicht leicht zu halten, wenn aber einmal der richtige Platz gefunden ist, blühen sie lange Zeit in vielen Farben. Weil die Blätter behaart sind, darf kein Wasser daraufkommen (s.S. 151). Die Pflanzen brauchen viel Luftfeuchtigkeit. Wenn Blätter oder Blüten verwelken, werden sie mit dem Stengel abgezwickt. Zwischen Mai und August setzt man die Pflanzen in neuen Torf oder Erde um. Nicht zu viel gießen!
Tolmieen entwickeln am Blattgrund älterer Blätter kleine Nebenpflanzen, die man in Torferde setzt.

Eine Känguruhklimme wächst fast überall schnell, sogar in einem Hängetopf. Damit sie buschig wird, zwickt man die Wachstumsspitzen aus.
Eine Schusterpalme verträgt Trockenheit, Dämpfe, Schatten und trockene Luft, sie steht aber nicht gern im Wasser.

Birkenfeige

Alpenveilchen

Känguruhklimme

Schusterpalme

Chrysantheme

Usambaraveilchen

Tolmiea

Küche nach Süden

In der Küche stehen die Pflanzen gut, die viel Luftfeuchtigkeit brauchen.
Das Pfeffergesicht hat silberne Streifen auf den Blättern und rote Stengel. Es wird 20 cm hoch.
Die Blätter der Kanonierblume haben Silberflecken. Wenn die Pflanze buschig werden soll, muß man im Frühjahr die Wachstumsspitzen auszwicken. Sie wird bis zu 30 cm groß.
Die Amaryllis ist eine Zwiebel, die im Haus mehrere Jahre von Dezember bis Mai rot, rosa oder weiß blüht. Die Zwiebeln werden zwischen November und Februar eingepflanzt und im Gegensatz zu anderen Zwiebeln ans Licht gestellt. Sobald sich Blätter zeigen, gießt man gut, bis diese nach der Blüte gelb werden. Wenn die Blätter vertrocknet sind, werden sie entfernt und die Töpfe bis November an einen kühlen, dunklen Platz gestellt. Auch Tulpen sind Zwiebelblumen. Man pflanzt sie genau wie Hyazinthen (s.S. 65), stellt sie jedoch an einen warmen, dunklen Platz, bis die Triebe kommen. Dann wird der Topf an einen kühlen, hellen Platz gesetzt. Reichlich gießen! Sobald sich die Blätter gut entwickeln, kommt der Topf in einen wärmeren Raum. Wenn die Blüten verwelken, behandelt man die Pflanzen ebenso wie Hyazinthen.

Pfeffergesicht

Kanonierblume

Amaryllis

Narzissen werden auf die gleiche Weise wie Tulpen gepflanzt, aber nicht so viel gegossen. Sobald die Knospen gut wachsen, stellt man die Töpfe in einen wärmeren Raum. Der Schiefteller blüht von Juni bis Oktober. Nach der Blüte werden die Stengel zurückgeschnitten und die Wurzeln in Sand aufbewahrt. Im folgenden Frühjahr werden sie wieder in Torf gepflanzt.

Das Zebrakraut ist leicht zu ziehen und gut für einen Hängetopf geeignet. Damit es buschig wird, zwickt man die Spitzen aus (s.S. 72).
Möhrenenden und Ananas gedeihen gut in Hydrokultur (s.S. 79 und 40 ff).

Badezimmer nach Norden

Auch ein Badezimmer kann sehr feucht sein.
Frauenhaarfarn wächst gut in einem Hängetopf. Er braucht eine hohe Luftfeuchtigkeit und Torferde.
Der Zierspargel gehört zur Familie der Liliengewächse, sieht aber fast wie ein Farn aus. Wenn die Luft nicht zu trocken ist, gedeiht er gut. Falls man die langen Stengel nicht stützt, hängen sie herab.
Die Känguruhklimme bekommt meist eine Kletterstütze. Sie wächst dann sehr schnell.
Zimmerhafer ist eine Bromelie und bildet eine Rosette mit schmalen Blättern aus, die nach oben wachsen. Während der Ruheperiode von Mai bis September muß Wasser in der Rosette stehen.
Zimmerhafer hat kleine röhrenförmige Blüten, die vom Winter bis in den Frühsommer blau, grün und gelb blühen. Jede Rosette blüht einmal und entwickelt dann Kindel, die man abschneiden und in eigene Töpfe setzen kann. Die Mutterpflanze stirbt langsam ab. Zimmerhafer wird in einem möglichst kleinen Topf mit Torferde gehalten, der aber nicht umkippen darf. Er kann bis zu 45 cm hoch werden.
Es gibt viele verschiedene Sorten des Topfefeus, und alle lassen sich auch in kalten Zimmern leicht ziehen. Sie hängen herunter oder ranken an einer Stütze. Die Blätter

Zimmerhafer

Frauenhaarfarn

Zierspargel

werden ab und zu mit einem feuchten Tuch abgewischt (s.S. 150).

Dattelpalmen können aus Kernen gezogen werden, deren Früchte man zuvor gegessen hat. Im Frühjahr wird ein frischer Kern in einen Topf mit Blumenerde gelegt und dieser in einem warmen Raum ins Licht gestellt. Während des Frühlings und Sommers gießt man gut und im Winter gerade so viel, daß der Topf nicht austrocknet. Die Pflanze wird jedes Jahr in einen größeren Topf gesetzt, bis sie 60 cm hoch ist. Danach braucht man nur noch umzutopfen, wenn der Topf zu klein geworden ist (s.S. 23). Dattelpalmen können 1,80 m groß werden.

Topfefeu

Dattelpalme

Känguruhklimme

Wohnzimmer nach Süden

Ein Wohnzimmer ist meist wärmer als ein Schlafzimmer, und die Luft ist häufig trocken. Südfenster sind im Sommer heiß.

Den Gummibaum hält man wegen seiner großen, glänzenden, dunkelgrünen Blätter. Diese müssen hin und wieder abgewischt werden (s.S. 150). Er erreicht im Zimmer bis zu 1,80 m Höhe. Wenn die Pflanze sehr groß wird, stellt man sie am besten einzeln, sonst sieht man die andern Pflanzen in der Umgebung nicht mehr. Falls sie zu groß wird, sollte eine neue Pflanze daraus gezogen werden (s.S. 69).

Das Fleißige Lieschen wächst an jedem Platz, der ausreichendes Licht hat. Im Frühjahr und Sommer braucht es Schatten. Es blüht fast das ganze Jahr hindurch rot, rosa oder weiß. Wenn man die Triebe im Frühjahr zurückschneidet, wird es buschig. Die Pflanze kann bis zu 50 cm hoch werden und sollte in Torferde wachsen.

Eine Efeupelargonie hat, ähnlich wie der Topfefeu, Blätter, die an langen Stengeln wachsen. Sie ist leicht zu pflegen und hat rosa, rote, lila oder weiße Blütenstände. Während der Ruheperiode im Winter braucht sie einen kühlen Raum und im Sommer frische Luft.

Es gibt viele verschiedene Arten von Buntnesseln. Sie werden wegen ihrer bunt gescheckten Blätter gehalten. Die Pflanze braucht volle Sonne, sonst verblassen die Blätter. Zu Beginn des Frühjahrs zwickt man die Haupttriebe aus, damit die Pflanze buschig wächst. Im Sommer wird sie besprüht (nicht zuviel gießen). Sie sollte etwa 50 cm hoch werden.

Der Hibiscus ist eine buschige Pflanze mit großen roten, gelben, weißen oder rosa Blüten. Man zieht ihn in Torferde und besprüht ihn im Sommer. Er wird bis zu 1,80 m hoch, sollte aber im Frühjahr zurückgeschnitten werden.

Gummibaum

Fleißiges Lieschen

Efeupelargonie Buntnessel Hibiskus

Wohnzimmer nach Norden

Ein nach Norden liegendes Wohnzimmer hat beständiges Licht, deshalb wachsen die Pflanzen dort gut, wenn sie nicht zu weit vom Fenster entfernt stehen und die Luft nicht zu trocken ist.

Die Drehfrucht entwickelt hübsche Blüten, die von Mai bis Oktober an langen Stielen weiß, rot und lila blühen. Die runzeligen Blätter wachsen in einer Rosette. Falls der Raum im Sommer trocken ist, braucht die Pflanze frische Luft und Feuchtigkeit.

Die Blüte der Lanzenrosette hält sehr lange. Am Anfang ist sie rosa, aber mit zunehmendem Alter wird sie langsam blau. Wie bei allen Bromelien (s. S. 58) muß die Blattrosette von Mai bis September mit Wasser gefüllt sein. Im Winter bleibt sie trocken. Die Lanzenrosette wird in einen kleinen Topf mit Torferde gepflanzt. Sie kann in trockener Luft, im Schatten und bei niedrigen Temperaturen wachsen und entwickelt Blüten und Seitentriebe. Wenn die Seitentriebe Wurzeln haben, pflanzt man sie in eigene Töpfe (s.S. 66) und stellt diese an einen warmen Platz, bis die neuen Pflanzen gut angewurzelt sind. Vorsicht vor den Stacheln an den Blatträndern!

Eine Rexbegonie hat schöne, gewellte Blätter, auf denen bunte Flecken in vielen Farben sind. Begonien brauchen Luftfeuchtigkeit. Man setzt sie in Torferde.

Marante (s.S. 52) und Topfefeu (s.S. 58) wachsen auch hier gut.

Das Fensterblatt hat Einschnitte und Löcher in den großen Blättern. Sie müssen immer staubfrei gehalten werden (s.S. 150). Die Pflanze entwickelt Luftwurzeln, die sie in den Kletterstab drückt (s.S. 73). Sie wird in einen großen Topf mit Torferde gesetzt und im Frühjahr und Sommer besprüht. Nach vielen Jahren kann sie eine Höhe von 6 m erreichen.

Drehfrucht

Lanzenrosette

Topfefeu

Fensterblatt

Rexbegonie

Marante

Pflanzen aus Samen ziehen

Es ist einfach, Samen auszusäen, aber es ist nicht leicht, daraus gesunde, kräftige Pflanzen zu ziehen. Die Samen brauchen eine hohe Luftfeuchtigkeit, und die Sämlinge müssen in gutem Licht (nicht in der Sonne!) stehen, damit sich Pflanzen daraus entwickeln, deren Haltung sich lohnt.
In manchen Fällen vermehrt man die Pflanzen besser auf andere Weise (s.S. 68).

Man braucht:
Alte Zeitungen
Töpfe
Tonscherben
Alten Löffel oder Handspaten
Anzuchterde und Samen aus dem Gartencenter
Sand
Große, durchsichtige Plastiktüte
Scharfe Schere

1. Die Abzugslöcher werden mit Tonscherben bedeckt, und in den Topf wird bis 2 cm unter den Rand Erde gefüllt.

2. Man sät die Samen dünn mit der Hand aus. Das ist einfacher, wenn man sie in der Tüte zuerst mit etwas Sand mischt.

3. Die Samen werden mit einer dünnen Schicht Sand gerade bedeckt.

4. Der Topf wird in ein Waschbecken mit 2 cm Wasser gestellt, bis die Erde vollgesogen und die Oberfläche dunkel ist.

5. Man stellt den Topf auf eine Untertasse und läßt überschüssiges Wasser etwa zwei Stunden ablaufen.

 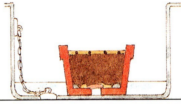 

6. Vorsichtig wird die Plastiktüte über den Topf gestülpt. Sie darf Samen und Sämlinge nicht berühren.

7. Der Topf wird in der Plastiktüte an einen warmen, dunklen Platz gestellt.

8. Sollten sich in der Tüte Wassertropfen bilden, nimmt man sie täglich ab, dreht sie um und setzt sie wieder auf.

 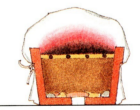 

9. Wenn die Sämlinge wachsen, wird die Tüte abgenommen und der Topf an einen warmen, hellen Platz gestellt.

10. Schwächliche Sämlinge werden über der Erde abgeschnitten. Sämlinge, die über einer Heizung stehen, wachsen schneller.

11. Sobald man die Sämlinge an den Blättern herausziehen kann, ohne sie zu beschädigen, kommen sie in einzelne Töpfe.

Hyazinthenzwiebeln pflanzen

Die Zwiebeln werden im Spätsommer gekauft. Es müssen präparierte Zwiebeln sein, die man treiben kann, damit sie im Winter im Haus Blüten entwickeln. Wenn man sie zwischen Ende September und Anfang Oktober pflanzt, blühen sie zu Weihnachten oder im Januar. Die Zwiebeln können nur einmal getrieben werden, aber man kann sie anschließend noch in den Garten pflanzen.

Man braucht:
Alte Zeitungen
Zwiebeln und Fasertorf
Eimer mit Wasser
Schale mit Abzugslöchern
Alten Löffel oder Handspaten
Gießkanne
Stäbe und Schnur

1. Der Fasertorf wird über Nacht eingeweicht und ausgedrückt, so daß er feucht, aber nicht naß ist.

2. Mit dem Handspaten füllt man die Schale bis 8 cm unter den Rand mit Torf.

3. Die Zwiebeln werden mit den Spitzen nach oben behutsam, aber fest in einem Abstand von 2,5 cm in die Erde gedrückt.

4. Um die Zwiebeln wird weiterer Torf aufgefüllt, bis nur noch die Spitzen zu sehen sind.

5. Die Schale kommt acht Wochen an einen kühlen, dunklen Platz. Der Torf darf nicht austrocknen.

6. Bei Hyazinthen schaut man nach den Spitzen der Blütenknospen. Andere Zwiebeln brauchen eine andere Pflege.

7. Wenn die Knospenspitzen zu sehen sind, wird die Schale an einem kühlen Platz ins Licht gestellt.

8. Sie wird jeden Tag gedreht, damit die Stengel gerade wachsen.

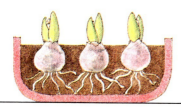 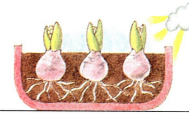 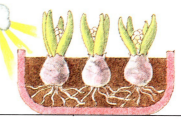

9. Wenn sich die Blüten öffnen, stellt man die Schale wärmer.

10. Bei Bedarf gießen und die Stengel, falls notwendig, stützen.

11. Verwelkte Blüten werden abgeschnitten. Später pflanzt man die Zwiebeln in den Garten, wo sie im nächsten Jahr wieder blühen.

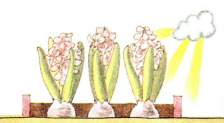  

Eintopfen und Umtopfen

Wenn die Wurzeln der Pflanze aus dem Abzugsloch wachsen, nimmt man die Pflanzen mit den Erdballen aus den Töpfen, um festzustellen, ob sie größere Töpfe brauchen. Falls nicht, werden die Pflanzen mit neuer Erde in die alten Töpfe zurückgesetzt.

Man braucht:
Alte Zeitungen
Topf mit Scherbe über dem Abzugsloch (bei Kunststofftöpfen müssen die Löcher nicht abgedeckt werden)
Blumenerde (wenn möglich die gleiche, in der die Pflanze zuvor gewachsen ist)
Alten Löffel oder Handspaten
Scharfes Messer
Gießkanne

1. Zunächst kommt soviel Erde in den Topf, daß der Wurzelballen 2,5 cm unter dem Topfrand sitzt.

2. Dann wird um die Pflanze herum weitere Erde aufgefüllt, angedrückt und gründlich gegossen.

1. Um den Ballen zu lockern, führt man ein Messer zwischen Erdballen und Topfwandung herum.

2. Der Topf wird umgedreht, dabei liegt die Pflanze zwischen zwei Fingern und der Handfläche flach auf der Erde.

3. Der Topfrand wird fest gegen eine Tischplatte geklopft, damit der Erdballen in einem Stück herauskommt.

4. Wenn die Wurzeln nicht um den Ballen herumgewachsen sind, gibt man neue Erde in den Topf und setzt den Wurzelballen darauf.

5. Um die Pflanze herum wird frische Erde eingefüllt, die Ränder angedrückt und gut gegossen.

6. Wenn sich die Wurzeln um den Erdballen verschlungen haben, muß man die Pflanze in einen größeren Behälter umtopfen.

Beim Umtopfen wird eine Pflanze in einen größeren Topf mit frischer Erde gesetzt. Dies ist notwendig, wenn Pflanzen gewachsen sind, und die Wurzeln mehr Platz brauchen. Man kann zu jeder Jahreszeit umtopfen, aber auf jeden Fall muß im Frühjahr nach den Wurzeln geschaut werden, weil viele Pflanzen nach der Winterruhe wieder zu wachsen beginnen.

Man braucht:
Alte Zeitungen
Scharfes Messer
Topf (Ton oder Kunststoff – je nachdem, in was für einem Topf die Pflanze zuvor war, jedoch etwas größer)
Eimer mit Wasser
Scherben
Blumenerde (die gleiche Sorte, in der die Pflanze zuvor gewachsen ist) Gießkanne

1. Neue Töpfe kommen über Nacht in einem Eimer mit Wasser, alte Töpfe werden zuerst saubergemacht.

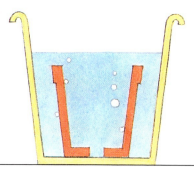

2. Die Abzugslöcher werden mit Scherben bedeckt, damit das Wasser abfließen kann, ohne daß die Erde die Löcher verstopft.

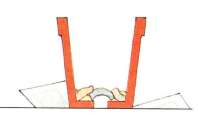

3. Dann füllt man so viel Erde in den Topf, daß der Wurzelballen etwa 2 cm unter dem Rand sitzt.

4. Die Pflanze wird aus ihrem alten Topf genommen.

5. Der Wurzelballen wird auf die Erde in dem neuen Topf gesetzt.

6. Nun füllt man mehr Erde hinein. Der Stengel sollte genauso weit herausschauen wie im alten Topf.

7. Die Erde wird an den Topfrändern vorsichtig angedrückt.

8. Man gießt gut und stellt die Pflanze drei Tage schattig. Bis sie angewurzelt ist, wird weniger als gewöhnlich gegossen.

Pflanzenvermehrung

Es gibt viele verschiedene Möglichkeiten, aus alten Pflanzen neue Pflänzchen zu ziehen. Dies bezeichnet man als „Vermehrung". Meist gibt es eine oder zwei Methoden, eine Pflanze zu vermehren. Auf jeden Fall muß man jedoch die jeweils richtige kennen. Durch die Vermehrung erhält man neue Pflanzen, die fast nichts kosten.

Man braucht:
Alte Zeitungen
Für jede neue Pflanze einen sauberen Topf mit Blumenerde (an die Scherben über den Abzugslöchern denken)
Alten Löffel oder Handspaten
Büroklammer
Scharfe Schere
Gießkanne
Glas mit Wasser

1. **Kindel**
Die jungen Pflanzen kommen einzeln in neue Töpfe. Falls nötig, klemmt man sie mit einer Büroklammer fest.

2. Wenn eine kleine Pflanze angewachsen ist, wird sie von der Mutterpflanze abgetrennt.

1. **Teilung**
Die Pflanze wird aus dem Topf genommen und am Wurzelhals vorsichtig auseinandergezogen.

2. Jede neue Pflanze bekommt einen eigenen Topf (s.S. 66).

3. Man gießt die Pflanzen gut und hält sie im Schatten, bis sie angewachsen sind.

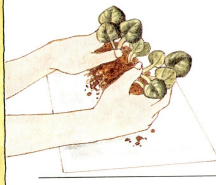

1. **Steckling**
Ein 10 cm langer Trieb wird unter einem Blattansatz abgeschnitten, und die unteren Blätter werden entfernt.

2. Der Stengel wird in ein Glas mit Wasser gestellt, bis Wurzeln wachsen.

3. Sehen die Wurzeln kräftig aus, pflanzt man den Stengel in einen Topf, gießt und stellt ihn schattig, bis er angewachsen ist.

Abmoosen

Wenn eine Pflanze zu groß wird und die unteren Blätter verliert, kann sie abgemoost werden, um eine kürzere, neue Pflanze zu erhalten. Nach einiger Zeit kann auch die alte Pflanze wieder neue Triebe bekommen. Abmoosen ist bei Gummibaum, Fensterblatt oder Känguruhklimme angebracht und wird im Frühling oder im Sommer vorgenommen.

Man braucht:
Alte Zeitungen
Scharfes Messer
Sumpfmoos (Sphagnum) aus dem Gartencenter
Starke Schnur
Durchsichtige Folie
Sauberen Topf mit Blumenerde (Abzugslöcher mit Scherben abdecken)
Alten Löffel oder Handspaten

1. Unterhalb der Blätter wird ein etwa 2 cm langer, schräger Schnitt gemacht, der durch die Hälfte des Stammes geht.

2. Man schiebt vorsichtig etwas Moos in den Schnitt, damit er sich nicht wieder schließt.

3. Um den Schnitt im Stamm wird ein Moosball geformt und festgebunden.

4. Um das Moos wickelt man Folie, die ebenfalls festgebunden wird.

5. Wenn neue Wurzeln durch das Moos wachsen, wird die Folie entfernt.

6. Nun schneidet man den Stengel unterhalb der neuen Wurzeln vorsichtig ab.

7. Die neue Pflanze kommt in einen Topf, der etwa 2 cm größer als der Wurzelballen ist (s.S. 67).

Blattstecklinge

Einige Pflanzen lassen sich durch Blattstecklinge vermehren. Während bei manchen nur die Blätter genommen werden, verwendet man bei anderen die Blätter mit ihren Stengeln. Es gibt auch Pflanzen, bei denen die Blätter in kleine Stücke geschnitten werden.

Man braucht:
Alte Zeitungen
Scharfe Schere
Glas, 2/3 mit Wasser gefüllt
Büroklammer
Gießkanne
Für jede Pflanze einen sauberen Topf, der mit Erde oder Sand gefüllt ist (Abzugslöcher bedecken)
Alten Löffel oder Handspaten
Kleine Kiesel
Stäbe
Plastiktüte

1. Mit der Schere wird ein Blatt mit einem etwa 5 cm langen Stengel abgeschnitten.

2. Es kommt in ein Wasserglas und wird, falls nötig, aufrecht gehalten, indem man die Büroklammer zu einem Haken biegt.

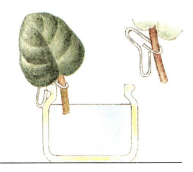

3. Der Wasserstand muß gleich hoch bleiben. Nach etwa sechs Wochen haben sich Wurzeln und eine kleine Pflanze entwickelt.

4. Wenn das Pflänzchen groß genug ist, wird es vom Mutterblatt abgeschnitten.

5. Das Pflänzchen bekommt einen eigenen, kleinen Topf mit Erde.

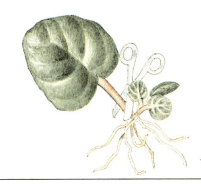

1. Ein Blatt wird mit einem Messer in 2 cm große, quadratische Stücke geschnitten.

2. Man hält die Stücke mit kleinen Kieseln auf feuchtem Sand fest, steckt Stäbe in den Topf und zieht die Tüte darüber.

3. Wenn die neuen Pflänzchen zwei Blätter ausgebildet haben, wird jedes in einen eigenen Topf mit Erde gesetzt.

Einige Pflanzen mit haarigen Blättern, wie zum Beispiel Usambaraveilchen, Pfeffergesicht und Rexbegonie, entwickeln aus einem Blatt, dessen Stengel in Erde oder Sand gesteckt wird, neue Pflanzen.

Man braucht:
Alte Zeitungen
Scharfe Schere
Alten Löffel oder Handspaten
Flachen Topf mit einer 5 cm dicken Schicht Erde, darüber Sand
Für jede neue Pflanze einen sauberen Topf mit Blumenerde (Abzugslöcher abdecken)
Gießkanne
Schnur
Plastiktüte
Scharfes Messer

1. Mit einem scharfen Messer schneidet man ein Blatt mit Stengel an der Ansatzstelle zum Hauptstamm ab.

2. In einem Topf mit Sand und Erde wird ein Loch gedrückt. Das Blatt wird hineingesetzt, an einen Stab gebunden und gut gegossen.

3. Die Stäbe werden in den Topf gesteckt, und die Plastiktüte wird darübergezogen. Sie darf das Blatt nicht berühren.

4. Sobald die Pflänzchen groß genug zum Umtopfen sind, entfernt man die Tüte und schneidet das alte Blatt ab.

5. Jedes Pflänzchen bekommt einen kleinen Topf mit Erde (s.S. 66).

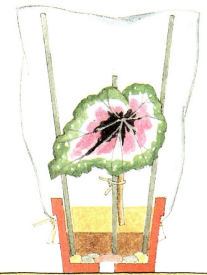

Einen Baum erziehen

Eine Pflanze, die normalerweise buschig wächst, kann als Baum gezogen werden (der Gärtner sagt dazu: Hochstamm), wenn man bestimmte Wachstumsspitzen auszwickt. Es ist eine Art Baumschnitt, dabei werden bestimmte Teile der Pflanze entfernt, um Größe und Form zu bestimmen und die Blüte zu fördern. Je mehr Triebe ausgezwickt werden, umso buschiger wird die Pflanze an diesen Stellen.

Man braucht:
Alte Zeitungen
Eine einstämmige Pflanze, die etwa 12 cm groß ist, in einem 8-cm-Topf
Weiche, feste Schnur
12-cm-Topf, zum Bepflanzen vorbereitet
Alten Löffel oder Handspaten
Stab, 30 cm lang
Stab, 75 cm lang
Blumenerde
20-cm-Topf, zum Bepflanzen vorbereitet

1. Der 30-cm-Stab wird dicht neben die Pflanze gesteckt und diese (nicht zu fest) darangebunden.

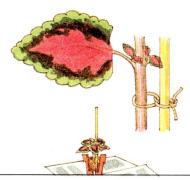

2. Wenn die Pflanze 25 cm groß ist, topft man sie in den 12-cm-Topf um und bindet sie an den 75 cm langen Stab.

3. Nebentriebe werden mit Ausnahme der obersten ausgezwickt. Sie haben zwei kleine Blätter und sehen an der ganzen Pflanze gleich aus.

4. Die Wachstumsspitze und eines der danebenliegenden Blätter wird ebenfalls ausgezwickt. Das andere bindet man an den Stab.

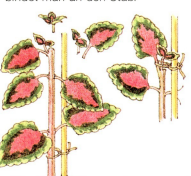

5. Wenn die Pflanze 60 cm groß ist, kommt sie in den 20-cm-Topf. Sie wird an den langen Stab gebunden.

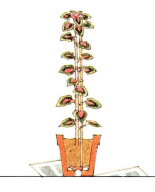

6. Wieder wird die Wachstumsspitze ausgezwickt.

7. Auch die Spitzen neuer Triebe werden ausgezwickt. Dadurch verzweigt sich die Pflanze und wird immer buschiger.

8. Nun heißt es Geduld haben! Wenn man ein Jahr lang so verfährt, fallen alle Blätter am Stamm ab, und es entsteht ein Baum.

Kletterstäbe basteln

Für einige Pflanzen sollte man einen Moskletterstab basteln, denn wenn sie klettern können, wachsen sie schneller, und die Blätter werden größer als bei Pflanzen, die herunterhängen. Pflanzen, die Luftwurzeln entwickeln, können diese sogar in das Moos drücken.

Man braucht:
Alte Zeitungen
Kunststoffgitter, 20x60 cm mit etwa 1 cm großen Löchern
Feuchtes Sumpfmoos aus dem Gartencenter
Feste Schnur
Große Stopfnadel
Alten Löffel oder Handspaten
20-cm-Topf, zum Bepflanzen vorbereitet
Blumenerde
Biegsamen Draht
Gießkanne

1. Das Kunststoffgitter wird, wie gezeigt, hingelegt und mit Moos gefüllt.

2. Das Gitter wird so zusammengerollt, daß die Seiten übereinanderliegen und mit Nadel und Schnur zusammengenäht werden können.

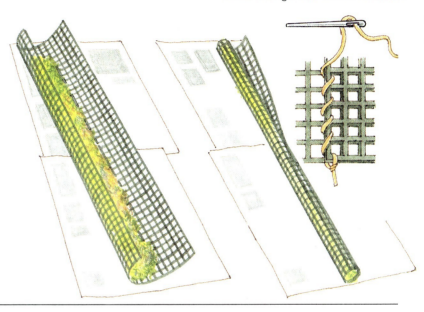

3. Man hält den Stab mit einer Hand dicht an die Topfwandung und füllt mit dem Handspaten Erde in den Topf.

4. Die Pflanze wird neben den Stab gesetzt und Draht (nicht zu fest) um Stamm und Stab gebogen, um beide zusammenzuhalten.

5. Falls notwendig, fügt man oben weiteres Moos in den Stab. Das Moos wird gegossen und feuchtgehalten.

Flaschengärten bepflanzen

Einen Flaschengarten zu bepflanzen macht Spaß, und er ist auch leicht zu pflegen. Die Pflanzen in einem Flaschengarten müssen nur ein- bis zweimal jährlich gegossen werden, aber man muß Pflanzen aussuchen, die die gleiche Menge an Wärme und Licht brauchen, und wo keine zu groß wird. Pflanzen mit hübschen Blättern sind für einen Flaschengarten besser geeignet als blühende Pflanzen.

Man braucht:
Saubere, trockene Glasflasche
Dickes Papier und Klebestreifen
Kleine Kiesel oder Steine
Blumenerde und Pflanzen
Alten Löffel, Gabel und leere Garnspule, alles an Stöcke gebunden
2 zusammengebundene Stöcke
Stöpsel aus Kork oder Watte

1. Das Papier wird zu einem Trichter geformt, der in den Flaschenhals paßt.

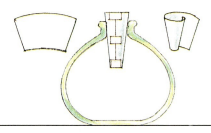

2. Auf den Boden kommt eine saubere Schicht Kiesel.

3. Dann wird eine 10 cm hohe, gleichmäßige Schicht Erde in die Flasche geschüttet.

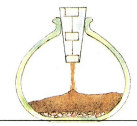

4. Mit dem Löffel gräbt man für die Pflanzen Löcher in die Erde.

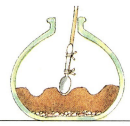

5. Beim Einsetzen werden die zwei Stöcke benutzt. Die größte Pflanze kommt in die Mitte.

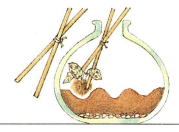

6. Vorsichtig wird Erde über die Wurzeln geharkt.

7. Man drückt die Erde um die Pflanzen mit der Garnrolle an und besprüht die Pflanzen etwas.

8. Die Flasche wird verschlossen. Im Glas bilden sich nach kurzer Zeit Wassertröpfchen.

9. Wenn diese wieder verschwunden sind, wird die Flasche an einen hellen Platz gestellt.

10. Nach etwa zwei Monaten gießt man mit einer feinen Brause, dann ist es nur noch einmal im Jahr nötig.

11. Verwelkte Blätter werden mit einer an einen Stab gebundenen Rasierklinge abgeschnitten.

Terrarium mit Pflanzen

Ein Terrarium ist ein offener oder geschlossener Behälter, in den Pflanzen gesetzt werden können. Ein altes Aquarium oder ein leichter Kunststoffbehälter, der stabil genug ist, eignen sich gut. Da man mit der Hand bis auf den Boden kommt, ist das Terrarium leicht zu bepflanzen. Es müssen dafür Pflanzen mit gleichen Bedürfnissen ausgewählt werden.

Man braucht:
Alte Zeitungen
Großes Kunststoffaquarium
Kleine Kiesel oder Steine
Holzkohle
Blumenerde
Alten Löffel oder Handspaten
Pflanzen (auf S. 66 steht, wie sie aus den Töpfen genommen werden)
Zerstäuber

1. Der Behälter wird gründlich mit Wasser und Seife gereinigt. Dann läßt man ihn vollständig trocknen.

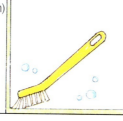

2. Er wird an seinen endgültigen Standort gesetzt, der möglichst hell sein sollte. Auf dem Boden wird eine 2 cm dicke Schicht Kiesel verteilt.

3. Darauf kommt eine 5 cm dicke Schicht Holzkohle. Wenn das Terrarium klein ist, können die beiden Schichten dünner sein.

4. Anschließend wird eine etwa 10 cm dicke Lage Erde aufgeschüttet. Der Boden braucht nicht eben zu sein – es können auch Hügel gemacht werden.

5. Mit dem Handspaten wird für jede Pflanze ein Loch gegraben. Zwischen den Pflanzen läßt man etwas Platz, damit sie wachsen können.

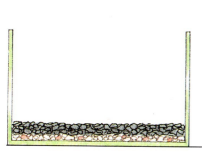

6. Die Pflanzen werden vorsichtig in die Löcher gesetzt. Kleine Pflanzen, die Wärme und Feuchtigkeit mögen, wachsen im Terrarium gut.

7. Man drückt die Erde um die Pflanzen herum behutsam an. Wenn das Terrarium offen ist, werden die Pflanzen ab und zu mit einem Zerstäuber besprüht.

8. Falls das Terrarium luftdicht abgeschlossen ist, braucht man die Pflanzen nur einmal im Jahr zu besprühen.

Hängetöpfe basteln

Hängetöpfe sind für kriechende Pflanzen sehr gut geeignet. Fertige Hängetöpfe gibt es zu kaufen, oder man bastelt sie selber. Die Töpfe dürfen aber nicht zu hoch gehängt werden – man muß sie immer noch gießen können. Eine Pflanze in einem Hängetopf benötigt mehr Wasser und Dünger als andere Pflanzen.

Man braucht:
Alte Zeitungen
Ton- oder Kunststoffbehälter mit Scherben darin
Blumenerde und Pflanzen
Handspaten oder alten Löffel
3 kleine Stäbe
Saubere Kuchenbodenform aus Aluminium
Scharfe Schere
7 lange starke Schnüre
Haken
Gießkanne

1. Man kann einen Topf aufhängen, in dem bereits Pflanzen wachsen, oder man setzt neue Pflanzen in einen Topf. Dazu wird ein sauberer Topf teilweise mit Erde gefüllt.

2. An den Rand des Topfes werden hängende bzw. kriechende Pflanzen gesetzt. Die Erde wird angedrückt und weitere Erde aufgefüllt.

3. In der Mitte des Topfes werden kleine Löcher gegraben, in die aufrechtwachsende Pflanzen gesetzt werden. Die Erde wird wieder rundum angedrückt.

4. Am Topfrand steckt man in gleichmäßigen Abständen Stäbe in die Erde.

5. In den Rand der Kuchenform werden mit der Schere in gleichmäßigen Abständen drei Löcher hineingedrückt.

6. Die Form wird unter den Topf gestellt, und man zieht drei Schnüre durch die Löcher im Rand. Die Enden jeder Schnur werden jeweils an einen Stab gebunden.

7. Unter dem Topfrand wird eine Schnur verknotet. Daran knüpft man in gleichmäßigen Abständen drei weitere Schnüre. Die losen Enden der Schnüre werden zusammengeknotet.

8. Man schraubt einen Haken in die Decke oder in die Wand und hängt den Topf daran auf.

Ein Garten in der Schale

Kleine Pflanzen können zusammen in eine flache Schale gepflanzt werden. Sie müssen aber die gleichen Ansprüche an Licht, Feuchtigkeit und Temperatur haben. Wenn einzelne Pflanzen zu groß werden, kann man sie herausnehmen und in eigene Behälter umtopfen (s.S. 66). Sie werden durch kleine Pflanzen in der Schale ersetzt.

Man braucht:
Alte Zeitungen
Schale, etwa 7,5 cm tief
Kleine Kiesel oder Steine
Blumenerde
Handspaten oder alten Löffel
Pflanzen (auf S. 66 steht, wie sie aus den Töpfen genommen werden)
Hübschen Stein

1. Der Behälter wird gründlich mit Wasser und Seife gereinigt. Dann läßt man ihn vollständig trocknen.

2. Auf den Boden kommt eine 1 cm dicke Schicht Kiesel. Diese Schicht sorgt für eine gute Entwässerung, weil keine Abzugslöcher im Gefäß sind.

3. Mit dem Handspaten wird eine Schicht Erde hineingefüllt. Sie sollte aber nicht zu dick sein.

4. Für jede vorgesehene Pflanze gräbt man mit dem Handspaten ein Loch.

5. Dann werden die Pflanzen in die Löcher gesetzt. Man drückt die Erde um die Pflanzen herum behutsam an.

6. Der Behälter wird vorsichtig in ein Becken mit Wasser gestellt. Er sollte gerade bedeckt sein.

7. Nun werden Luftblasen an die Oberfläche steigen. Wenn keine neuen mehr nachkommen, nimmt man den Behälter heraus.

8. Überschüssiges Wasser sollte etwa eine halbe Stunde abfließen können, dabei schiebt man einen Stein unter die Schale, so daß sie schräg steht.

Experimente mit Hydrokultur

Bei der Hydrokultur werden Pflanzen ohne Erde gezogen. Man setzt sie in ein sogenanntes Füllsubstrat, das aus Sand, einer Mischung aus Sand und Vermiculit, Sand und Perlit, Sand und feinem Kies oder sogar aus Sand und Holzkohle bestehen kann. Das Substrat sollte stets feucht sein. Außerdem brauchen die Pflanzen eine gute Entwässerung und müssen mit „Nährlösung" versorgt werden. (Auf Seite 38 ff sind weitere Kapitel über Hydrokultur zu finden.)

Man braucht:
Alte Zeitungen
Ton- oder Kunststofftopf
Korken für das Abzugsloch
Kleine saubere Kiesel
Tasse zum Abmessen
Handspaten oder alten Löffel
Beutel mit dem gewünschten Füllsubstrat aus dem Gartencenter
Pflanzen
Gießkanne
Untersetzer
Nährlösung aus dem Gartencenter

1. Von unten wird ein Stöpsel in das Abzugloch gesetzt. Nicht zu fest hineindrücken – man muß ihn ab und zu herausnehmen.

2. Damit für eine gute Entwässerung gesorgt ist, kommt eine dünne Schicht Kiesel in den Topf.

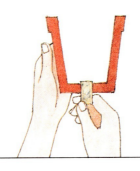

3. Dann mischt man zwei Tassen Sand mit drei Tassen eines anderen Materials, um das Füllsubstrat herzustellen.

4. Mit dem Handspaten wird bis gut 1 cm unter den Rand Füllsubstrat in den Topf gefüllt und angedrückt.

5. Für die Pflanzen werden mit dem Löffel Löcher in das Substrat gegraben.

6. Dann werden die Pflanzen zum Einsetzen vorbereitet (s.S. 79). Hydrokulturpflanzen dürfen niemals mit Erde in Berührung kommen.

7. Das Substrat bekommt soviel Wasser, daß es feucht ist. Gießt man zuviel, wird der Korken herausgenommen, damit überschüssiges Wasser abfließen kann.

8. Die Gebrauchsanweisung für die Nährlösung lesen und die Pflanzen damit zweimal wöchentlich gießen. Alte Nährlösung wird einmal im Monat mit klarem Wasser herausgewaschen.

Man kann fast jede Pflanze in Hydrokultur ziehen. Mancher hat es vielleicht schon getan und weiß es nur nicht. Wenn eine Pflanze in Wasser wächst, so ist das Hydrokultur. Oft wird man beim Ausprobieren feststellen, daß die Pflanzen in Hydrokultur schneller gedeihen als in Erde. Sie müssen jedoch ausreichend mit Nährlösung versorgt werden.

Man braucht:
Alte Zeitungen
Möhre
Scharfes Messer
Flache Schale
Gießkanne
Ananas
Zum Bepflanzen vorbereitete Töpfe mit Stöpsel und Füllsubstrat
Eingetopfte Pflanzen
Wattestäbchen
Desinfektionsmittel, das sich für Pflanzen eignet
Handspaten oder alten Löffel

1. Möhre
Das obere Ende einer frischen Möhre wird abgeschnitten und mit der Schnittseite nach unten in eine flache Schale mit Wasser gelegt. Die Schale wird auf ein sonniges Fensterbrett gestellt.

2. Die Schale darf nicht austrocknen. Man kann nun beobachten, wie an der Oberseite farnähnliche Blätter herauswachsen.

1. Ananas
Der obere Teil einer Ananas wird unterhalb des ersten Ringes der Außenschale abgeschnitten.

2. Unterhalb der Spitze schneidet man innen etwas Fruchtfleisch weg. Dann wird das Stück zwei Tage getrocknet.

3. Anschließend wird es in ein Hydrogefäß gepflanzt und an einen warmen, hellen Platz gestellt. Bald entwickelt sich eine neue Ananaspflanze.

1. Zimmerpflanzen
Die Pflanze wird aus dem Topf genommen und unter langsam fließendes Wasser gehalten, bis die gesamte Erde von Stengel und Wurzeln abgespült ist.

2. Man taucht ein Wattestäbchen in das Desinfektionsmittel (Gebrauchsanweisung befolgen) und streicht damit über die Wurzeln.

3. Dann wird die Pflanze in ein Hydrogefäß gesetzt (s.S. 78).

Übersicht der Zimmerpflanzen

Namen	Lichtverhältnisse	Gießen	Minimale Wintertemperatur
Amaryllis	s.S. 56	s.S. 56	10°C
Alpenveilchen	Licht	von unten, wenn es wächst, sonst trocken	13°C
Birkenfeige	Licht	im Sommer gut, im Winter gerade feucht	10°C
Buntnessel	Sonne	im Sommer gut, im Winter gerade feucht	13°C
Chrysantheme	Sonne	während der Blüte gut	10°C
Dattelpalme	s.S. 58	Frühling und Sommer gut, im Winter wenig	10°C
Geldbaum	Sonne	im Sommer wenig, sonst trocken	4°C
Drehfrucht	Schatten	im Sommer gut, im Winter ab und zu	10°C
Dreimasterblume	Licht	im Sommer gut, im Winter feucht	10°C
Echeverie	Sonne	im Sommer regelmäßig, im Winter kaum	4°C
Efeupelargonie	Sonne	im Sommer regelmäßig, im Winter kaum	7°C
Fensterblatt	Licht	im Sommer gut, im Winter gerade feucht	10°C
Fleißiges Lieschen	s.S.60	im Sommer gut, im Winter feucht	10°C
Frauenhaarfarn	Schatten	im Sommer gut, im Winter gerade feucht	4°C
Goldkugelkaktus	Sonne	im Sommer feucht, Oktober – März trocken	4°C
Grünlilie	Sonne	Febr. – Sept. gut, Okt. – Jan. wenig	7°C
Gummibaum	Schatten	im Sommer gut, im Winter gerade feucht	10°C
Hibiskus	Sonne	im Sommer gut, im Winter ab und zu	13°C
Hyazinthe	s.S. 65		s.S. 65
Igel-Säulenkaktus	Sonne	im Sommer gut, Oktober – März trocken	4°C
Känguruhklimme	Licht	im Sommer gut, im Winter gerade feucht	7°C
Kanonierblume	Licht	im Sommer gut, im Winter ab und zu	10°C
Lanzenrosette	Licht	s.S. 62	10°C
Marante	Schatten	im Sommer gut, im Winter wenig	13°C
Narzisse	s.S. 56	s.S. 56	s.S.56
Philodendron	Licht	im Sommer gut, sonst feucht	13°C
Pfeffergesicht	Licht	im Sommer ab und zu, im Winter wenig	°C
Rexbegonie	Schatten	April – Sept. gut, im Winter feucht	13°C
Schiefteller	Licht	Sommer gut, Frühjahr und Herbst wenig	7°C
Schusterpalme	Licht	im Sommer ab und zu, im Winter weniger	7°C
Spornbüchschen	Sonne	im Sommer gut, im Winter gerade feucht	7°C
Tiger-Aloe	Sonne	im Sommer wenig, im Winter fast nicht	4°C
Tolmiea	Licht	das ganze Jahr feucht	3°C
Topfefeu	Schatten	das ganze Jahr feucht	egal
Tulpe	s.S. 56	s.S. 56	s.S.56
Usambaraveilchen	Schatten	von unten feucht halten	16°C
Weihnachtskaktus	Licht	im Winter gut, im Sommer fast trocken	13°C
Zebrakraut	Licht	im Sommer gut, im Winter gerade feucht	7°C
Zierspargel	Licht	im Sommer gut, im Winter kaum	7°C
Zimmerhafer	Schatten	Mai – Sept. gut, im Winter gerade feucht	10°C

Vermehrung	Düngen	Umtopfen
im Sommer teilen	s.S. 12	jeden zweiten Okt., halb bedeckt
Samen	alle 2 Wochen, wenn Blüten kommen	jeden August
im Sommer Stecklinge	Mai – Sept. alle 2 Wochen	jeden zweiten April
Frühjahr oder Sommer Kopfstecklinge	April – Sept. alle 2 Wochen	Februar
s.S. 54	nicht	nicht
keine	Mai – Sept. alle 2 Wochen	s.S.58
Frühjahr und Sommer Blattstecklinge	April – Juli einmal im Monat	jeden zweiten April
im Sommer Blattstecklinge, Samen	im Sommer alle 2 Wochen	jeden März in flache Schale
im Sommer Kopfstecklinge	April – Sept. alle 2 Wochen	April
im Sommer Blatt- o. Kopfstecklinge	im Sommer einmal im Monat	jeden zweiten April
im Sommer Kopfstecklinge	April – Sept. einmal im Monat	im Frühjahr in Torferde
im Sommer Kopfstecklinge	April – Sept. alle 2 Wochen	jeden dritten April
im Sommer Kopfstecklinge, Samen	im Sommer einmal die Woche	im Frühjahr in Torferde
im Frühjahr teilen	April – Sept. einmal im Monat	im Frühjahr in Torferde
im Frühjahr säen	März – Aug. einmal im Monat	Kakteenerde
zu jeder Zeit Kindel	Febr. – Sept. einmal die Woche	Frühjahr
Kopfstecklinge, abmoosen	im Sommer alle 2 Wochen	jeden zweiten April
Stecklinge	Febr. – Aug. einmal die Woche	im Febr. in Torferde
keine	nicht	nicht
im Sommer Stecklinge, Samen	im Sommer einmal im Monat	in Erde und groben Sand
im Sommer Kopfstecklinge	April – Sept. alle 2 Wochen	jeden zweiten Febr.
im Frühsommer Kopfstecklinge	März – Sept. alle 2 Wochen	April
s.S.62	April – Okt. einmal im Monat	s.S.62
im Frühjahr teilen	Mai – Sept. alle 2 Wochen	jedes Frühjahr
keine	nicht	nicht
im Sommer Stecklinge	Mai – Sept. alle 2 Wochen	jedes zweite Frühjahr
im Sommer Blattstecklinge	Mai – Sept. einmal im Monat	April
im Sommer Blattstecklinge, Samen	April – Sept. alle 2 Wochen	jeden April in Torferde
Erdsprosse teilen und einpflanzen	alle 2 Wochen bei Frühjahrsblüte	im Frühjahr in Torferde
im Frühjahr teilen	im Sommer einmal im Monat	wenn nötig in Torferde
im Frühjahr Kopfstecklinge	April – Sept. alle 2 Wochen	März
im Sommer Seitensprosse nehmen	März alle 2 Wochen	jedes zweite Frühjahr
Kindel, Mutterpflanzen teilen	März – Sept. einmal die Woche	im Frühjahr in Torferde
im Herbst Kopfstecklinge	April – Sept. einmal im Monat	jeden zweiten Februar
keine	nicht	nicht
Blattstecklinge, im Frühjahr teilen	im Sommer alle 3 Wochen	Torferde
im Sommer Stecklinge	wöchentlich, wenn Knospen kommen	Kakteenerde
im Sommer Kopfstecklinge	April – Sept. alle 2 Wochen	Frühjahr
im Frühjahr teilen	im Sommer alle 2 Wochen	April
im Sommer teilen	Mai – Sept. alle 2 Wochen	im Sommer Torferde

Sukkulenten sind Pflanzen, die meist in den Blättern und Stengeln Wasser speichern, das sie in Trockenzeiten wieder verbrauchen. Dies kommt daher, daß diese Pflanzen in der Natur häufig in Gebieten wachsen, wo diese Eigenschaft lebensnotwendig ist, so zum Beispiel in der Wüste.
Auch im Zimmer legen die meisten Sukkulenten im Winter eine Ruhepause ein, in der sie nicht gegossen werden dürfen.
Alle Kakteen sind Sukkulenten, aber nicht alle Sukkulenten sind Kakteen. Im Gegensatz zu anderen Pflanzen haben Sukkulenten oft merkwürdige Formen und viele Stacheln.
Im ersten Teil dieses Kapitels sind einige Kakteen und andere Sukkulenten abgebildet, die sich für die Wohnung eignen.
Es gibt heute aber über 2000 bekannte Arten und es werden immer noch neue entdeckt.

Kakteen pflegen

Kakteen und andere Sukkulenten sind einfach zu pflegen. Sicher brauchen sie nicht so viel Aufmerksamkeit wie die meisten Pflanzen, aber man kann sie auch nicht einfach vergessen und dann erwarten, daß sich gesunde Pflanzen mit schönen Blüten entwickeln. Wenn man jedoch einigen Grundbedürfnissen der Pflanzen gerecht wird, werden die Sukkulenten lange Zeit leben.

Licht

Die meisten Sukkulenten brauchen mindestens vier Stunden am Tag Sonne. Wenn sie Licht von einem Südfenster bekommen, müßten sie gut gedeihen. Auch ein Westfenster mit Nachmittagssonne ist geeignet. Die Töpfe müssen von Zeit zu Zeit gedreht werden, damit die Pflanzen gerade nach oben wachsen.

Opuntien, Cereen und Warzenkakteen stehen gern in voller Sonne, ebenso Sukkulenten wie Faucaria, Echeverie und Aloe.

Wer nur Nord- oder Ostfenster hat, sucht Pflanzen aus, die mit weniger Licht auskommen, wie zum Beispiel Waldkakteen. Dazu gehören auch Oster- und Weihnachtskaktus.

Temperatur

Sukkulenten gedeihen bei normaler Zimmertemperatur gut. Wenn sie im Sommer draußen stehen sollten, müssen sie im Herbst vor den ersten Frösten wieder ins Haus genommen werden. Die meisten Kakteen haben im Winter eine Ruheperiode, in der sie eine Temperatur von 5°C brauchen. Falls in der Wohnung ein ungeheiztes Zimmer sein sollte, stehen sie im Winter dort am besten.

Erde

Zum Herstellen eigener Erde kauft man in einem Gartencenter gute Blumenerde und groben Sand. (Keinen Strandsand verwenden, denn es ist zuviel Salz darin.) Mit Hilfe einer Tasse werden gleiche Mengen Erde und Sand gemischt. Vor allem bei Waldkakteen sollte nach Möglichkeit noch etwas Lauberde hinzugefügt werden. Die Erde darf beim Füllen der Töpfe nicht zu fest angedrückt werden.

Behälter

Die Töpfe müssen sauber sein. Tontöpfe trocknen schneller aus als Kunststofftöpfe, deshalb verfaulen die Wurzeln in Tontöpfen auch seltener. Bei kugeligen Pflanzen sollte der Topf etwa 2,5 cm größer als die Pflanze sein. Bei länglichen Pflanzen sollte der Durchmesser etwa ihrer halben Höhe entsprechen.

Säubern

Über glänzende Blätter und Sprosse wird ab und zu mit einem feuchten Schwamm gewischt, oder man spült den Staub mit einer feinen Brause ab.

Gießen

Regenwasser ist für die Pflanzen am besten, aber man kann natürlich auch Leitungswasser nehmen, das Zimmertemperatur haben sollte. Die Menge hängt von der Jahreszeit, von der Pflanze selbst und von der Art des Topfes ab und davon, wie das Zimmer geheizt wird. Nicht zuviel gießen, und die Pflanzen nicht im Wasser stehen lassen, sonst verfaulen sie. Während der Wachstumsperiode wird gegossen, wenn die Erde trocken ist oder der Kaktus welk aussieht.

Wenn Pflanzen in der heißen Sommersonne stehen, müssen sie möglicherweise jeden Abend gegossen werden. Im Winter blühende Pflanzen brauchen während der Blüte Wasser. In der Ruheperiode werden die Kakteen einmal im Monat gerade so viel gegossen, daß sie nicht schrumpeln oder Erde und Wurzeln austrocknen. Außerdem besprüht man sie einmal in der Woche ein wenig. Andere Sukkulenten werden etwa doppelt so oft wie Kakteen gegossen. Es ist allgemein besser, einmal gut zu gießen, anstatt jeden Tag ein bißchen. Aber nicht so viel Wasser geben, daß die Erde durchtränkt ist und auch daran denken, daß sie unter der Oberfläche noch feucht sein könnte.

In Kunststofftöpfen brauchen Pflanzen weniger Wasser als in Tontöpfen. Pflanzen in kleinen Töpfen müssen häufiger gegossen werden als Pflanzen in großen Töpfen. Falls die Luft durch die Zentralheizung sehr trocken ist, brauchen sie möglicherweise mehr Wasser.

Die Pflanzen werden am Morgen oder am späten Nachmittag besprüht oder gegossen, so daß die Sonne das Wasser nicht verdunsten läßt, bevor es die Wurzeln aufnehmen können. Nie in voller Sonne wässern, und das Wasser auch niemals auf Stengel oder Sprosse gießen, weil diese sonst verfaulen.

1. Sukkulenten können von oben gegossen werden.

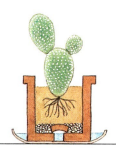

2. Überschüssiges Wasser muß in einen Untersetzer abfließen können.

3. Es wird anschließend weggeschüttet.

4. Die Töpfe können auch so lange in ein Becken mit etwas Wasser gestellt werden, bis die Erdoberfläche feucht ist.

5. Ist es sehr heiß, besprüht man die Sukkulenten alle paar Tage mit einer feinen Brause.

Düngen

In der Blütezeit bekommen die Pflanzen einmal im Monat mit dem Gießwasser flüssigen Tomatendünger.

„Wüsten"kakteen

Opuntia microdasys, Scheibenopuntie

Opuntia vestita

Opuntia tuna variegata

Feigenkakteen (Opuntien) sind leicht zu ziehen, möglicherweise kommen sie jedoch im Haus nicht zur Blüte. Am besten gedeihen sie direkt in der Sonne. Die Stengel dieser Kakteen wachsen in Gliedern, die man auch Sprosse nennt. Es gibt viele verschiedene Opuntien-Arten, und sie haben ganz unterschiedliche Formen.

Opuntien bilden, anstelle von echten Stacheln, sogenannte Glochiden aus (s.S. 10), die leicht in den Fingern steckenbleiben. Um sie wieder herauszuziehen, muß man ein Stück Klebestreifen darüberkleben und diesen dann mit einem Ruck abreißen. Glochiden, die tief im Finger sitzen, muß man mit einer Pinzette entfernen.

Opuntien haben im Winter eine Ruheperiode, in der sie kühl stehen müssen (s.S. 84) und nur wenig Wasser benötigen (s.S. 85). Wenn sie im Frühling und Sommer wachsen, brauchen sie mehr Wasser. Opuntien eignen sich zum Pfropfen (s.S. 115 ff). Neue Pflanzen werden aus Samen (s.S. 110) oder aus Stecklingen (s.S.112) gezogen. Sowohl Samen als auch Stecklinge entwickeln sich schnell, denn Opuntien haben kräftige Wurzeln. Im Frühjahr topft man sie um (s.S. 111).

Opuntien sind gut zum Pfropfen geeignet. Die hier gezeigte Methode nennt man Spaltpfropfung (s.S. 115).

Zwergsäulenkaktus

Diese Pflanzen gedeihen direkt in der Sonne gut. Sie lassen sich aus Samen ziehen (s.S. 110) und brauchen im Winter eine Ruheperiode.

Der Zwergsäulenkaktus wächst kräftig, er braucht jedoch viel Wärme und Wasser. Im Frühjahr kann er einen Monat lang blühen. Aus seinen Sprossen können neue Pflanzen gezogen werden (s.S. 113).

Das Greisenhaupt wächst langsam und blüht manchmal erst, wenn es 5 m groß ist. Es hat Stacheln, die wie lange, weiße Haare aussehen. Wenn man vorsichtig ist und die Stacheln nicht abbricht, können sie sogar gewaschen werden. Wie bei allen Kakteen ist auch hier eine gute Entwässerung notwendig.

Der zylindrische Trichocereus ist kräftig und leicht zu pflegen. Er eignet sich beim Pfropfen daher gut als Unterlage (s.S. 6). Trichocereen wachsen schnell, und wenn man ihr Wachstum verlangsamen will, pflanzt man sie in kleine Töpfe. Mit fünf Jahren entwickeln sie Blüten. Neue Pflanzen lassen sich aus Stecklingen ziehen (s.S. 127).

Der Oreocereus celsianus hat ebenfalls lange, weiße Haare. Er ist einfach zu halten, wächst aber nur langsam. Neue Pflanzen werden aus Samen gezogen (s.S. 110). Auch die Sämlinge entwickeln sich nur langsam.

Greisenhaupt   Trichocereus terscheckii   Oreocereus celsianus

Der Goldkugelkaktus wird nur langsam größer. Im Haus blüht er nicht, er hat jedoch schöne Stacheln. Diese brauchen zum Wachsen viel Sonne. Im Winter ruht die Pflanze, im Sommer benötigt sie dagegen reichlich Wasser. Da sich selten Seitensprossen entwickeln, muß man neue Pflanzen aus Samen ziehen (s.S. 110) und Geduld haben.

Der Cereus jamacaru ist kräftig und leicht zu pflegen. Er braucht viel Licht und entwickelt Zweige, die man als Stecklinge verwenden kann, wenn sie 10 cm lang sind (s.S. 113). Es können aber auch Samen ausgesät werden (s.S. 110). Im Winter ruht die Pflanze. Der hier abgebildete Kaktus ist eine „Monstrosus"-Form (s.S. 11, Verbänderung).

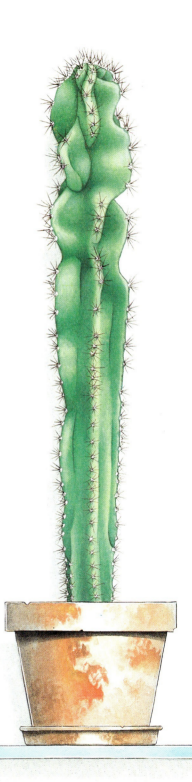

Goldkugelkaktus

Cereus jamacaru monstrosa

Peitschenkaktus

Der Peitschenkaktus ist eine beliebte Pflanze, die viel Sonne braucht. In der Natur hängt sie von Bäumen oder Felsen herab, deshalb braucht sie auch im Zimmer einen Platz, an dem ihre langen Triebe herunterhängen können.

Wenn diese Triebe mit Erde in Berührung kommen, faulen sie leicht. In diesem Fall können gesunde Triebe auf eine kräftige Unterlage gepfropft werden (s.S. 115). Man kann die Triebe auch pfropfen, wenn sie nicht faulen, damit die Pflanzen kräftiger werden. Im Winter ruht der Peitschenkaktus. Zur Blütezeit im Frühjahr braucht er eine Temperatur von 21°C, und die Blüten halten mindestens eine Woche. Die Pflanze blüht aber frühestens nach fünf Jahren. Im Frühjahr und im Sommer wird sie gut gegossen, und auch im Winter läßt man die Pflanze nicht austrocknen.

Wenn der Peitschenkaktus jedes Frühjahr umgetopft wird, wächst er schneller. Sonst braucht man ihn nur umzutopfen, sobald der Topf zu klein geworden ist. Neue Pflanzen lassen sich aus Samen oder aus Stecklingen ziehen.

Echinocereen sind wegen ihrer großen, leuchtenden Blüten beliebt, die im Juni oder Juli blühen. Diese Blüten halten ungefähr eine Woche. Sie öffnen sich morgens und schließen sich am Abend wieder. Alle Echinocereen blühen leicht und sehr jung. Es gibt zwei Arten. Die eine verzweigt sich von der Basis her und wächst sehr schnell. Deshalb brauchen die Wurzeln viel Platz und dürfen nicht in zu kleine Töpfe gesetzt werden. In der Ruheperiode von Oktober bis März werden sie nicht gegossen, im Sommer brauchen sie aber viel Wasser.

Neue Pflanzen lassen sich aus Samen ziehen (s.S. 110), oder man verwendet im Sommer die Zweige als Stecklinge (s.S. 112).

Die andere Art des Echinocereus hat einen aufrechten Körper und gewöhnlich hübsche Stacheln. Diese Kakteen wachsen langsam und ruhen im Winter ebenfalls. Im Sommer läßt man die Topferde stets erst austrocknen, bevor man wieder gießt. Neue Pflanzen werden aus Samen gezogen (s.S. 110). Beide Echinocereus-Arten brauchen viel Sonne. Bevor die Echinocereen nach der Winterruhe erneut gegossen werden, wartet man, bis aus den Areolen (s.S. 10) im Frühjahr viele weiße Haare wachsen, die wie Wolle aussehen. Man gießt erst, wenn sich dort viele Blüten entwickelt haben. Falls sich bis April keine Wolle zeigt, blüht die Pflanze möglicherweise nicht, und man sollte nun gießen.

Echinocereus pectinatus   Echinocereus knippelianus   Echinocereus blanckii

Rebutien sind kugelige Zwergkakteen, die in voller Sonne gut gedeihen. Sie sind sehr beliebt, weil sie sogar schon nach einem Jahr blühen.
Die verschiedenen Arten blühen in vielen verschiedenen Farben. Die Blüten wachsen im Frühling seitlich aus den Kakteen und halten einige Tage. Wenn man genau aufpaßt, sieht man, wie sie sich am Morgen öffnen und am Abend schließen. Im Frühjahr muß man auf winzige rote Härchen achten, die aus den Areolen an den Basen der Rebutien wachsen. Sie zeigen an, daß der Kaktus entweder neue Seitensprosse oder Blüten entwickelt. Sobald sie sich entwickeln, wird der Kaktus nach der Winterruhe ein wenig gegossen. Bei einer Größe von etwa 3 mm erkennt man, ob es Sprosse oder Blüten sind. Nun wird mehr gegossen. Je länger dies aber hinausgezögert wird, desto mehr Blüten entwickeln sich. Wenn die Pflanze im April noch keine Knospen hat, blüht sie vermutlich nicht, und man muß mit dem Gießen beginnen.
Rebutien werden umgetopft, sobald der alte Topf für die Wurzeln zu klein geworden ist. Neue Pflanzen kann man aus Samen oder Sprossen ziehen, die mitunter sogar schon eigene Wurzeln haben (s.S. 113). Sämlinge entwickeln sich nur langsam. Damit sie schneller wachsen, können sie gepfropft werden (s.S. 117).

Rebutia minuscula

Rebutia senilis

Lobivien sind klein und leicht zu pflegen. Manche sehen wie große Rebutien aus und werden auch wie diese behandelt. Lobivien blühen während des Sommers leicht. Die hell leuchtenden Blüten halten einige Tage.

Echinopsis-Kakteen ruhen im Winter, brauchen im Sommer aber viel Wasser. Sie werden direkt in die Sonne gestellt.

Die Blüten sitzen auf Röhren, die seitlich aus den Kakteenkörpern wachsen. Sie öffnen sich am Abend und blühen nur etwa zwei Tage.

Wenn diese Kakteen schneller wachsen sollen, müssen sie jedes Frühjahr umgetopft werden (s.S. 111). Andernfalls wartet man, bis die Töpfe zu klein geworden sind.

Echinopsis-Kakteen sind leicht durch Seitensprosse, die sich an der Basis der Pflanzen entwickeln, zu vermehren (s.S. 113). Sämlinge wachsen hingegen nur langsam. Um ihr Wachstum zu beschleunigen, können sie aber gepfropft werden (s.S. 117).

Lobivia fawa timeusis   Echinopsis x ‚Green Gold'   Echinopsis rhodotricha

Parodien sind normalerweise kugelig, es gibt jedoch auch einige zylindrische Arten (s.S. 11). Alle Parodien haben zahlreiche Stacheln. Bei manchen sind diese am Ende gebogen und sehen wie Häkchen aus. Diese Kakteen sind recht leicht zu pflegen. Am besten stehen sie an einem sonnigen Platz, sie vertragen aber auch etwas Schatten.

Parodien werden gern gehalten, weil sie leicht blühen, zum ersten Mal etwa nach drei Jahren. Verschiedene Arten blühen zu verschiedenen Zeiten. Wenn die Arten sorgfältig ausgesucht werden, können die Parodien von März bis Oktober in vielen Farben blühen.

Parodien haben im Winter eine Ruheperiode (s.S. 84-85). Wenn man Arten hält, die erst später im Jahr Blüten entwickeln, darf man das Gießen nicht zu früh einstellen.

Wie alle Kakteen mögen Parodien aber nicht zu viel Wasser. Falls sie zu lange in feuchter Erde stehen, beginnen die Pflanzen am Wurzelhals zu faulen (s.S. 118).

Parodien wachsen langsam, können jedoch auf schnellwüchsige Unterlagen gepfropft werden (s.S. 116). Sie lassen sich auch durch Samen vermehren (s.S. 110). Die Sämlinge entwickeln sich ebenfalls sehr langsam, aber auch sie kann man pfropfen (s.S. 117). Wenn Parodien in kleine Töpfe gepflanzt werden, wachsen sie besser und entwickeln mehr Blüten. Mehrere Parodien zusammen in einer Schale (s.S. 98) sehen sehr hübsch aus.

Parodia aureispina   Parodia chrysacanthion   Parodia nivosa

Buckelkakteen (Notocactus) werden häufig gehalten, weil sie rasch wachsen und leicht blühen. Sie sind auch für ein Fensterbrett nicht zu groß. Junge Buckelkakteen sind kugelig, werden später aber zylindrisch. Am besten gedeihen sie mit viel Sonne, sie vertragen jedoch auch etwas Schatten.
Während der Winterruhe von Ende November bis Anfang März werden sie trocken gehalten.
Buckelkakteen blühen schon sehr jung. Die Blüten entwickeln sich im Frühjahr und Frühsommer nahe dem oberen Ende der Pflanzen. Die größeren Blüten halten nur etwa einen Tag, die kleineren ungefähr eine Woche.
Falls die Töpfe zu klein geworden sind, werden diese Kakteen zu Beginn des Frühjahrs umgetopft (s.S. 111).

Zum Ziehen neuer Pflanzen trennt man Seitensprosse ab, die sich an den Basen der Pflanzen entwickeln (s.S. 113). Oder man sät die Buckelkakteen aus (s.S. 110). Die Sämlinge wachsen schnell.

Notocactus graessneri   Notocactus leninghausii   Notocactus scopa

Gymnocalycium mihanovichii

Auch Gymnocalycium-Kakteen sind keine schwierigen Pflanzen. Sie können direkt in der Sonne oder aber leicht schattig stehen. Im Winter ruhen sie.
Einige dieser Kakteen brauchen eine Pflege, die sich von der der anderen unterscheidet. Gymnocalycium mihanovivhii und seine Varietäten wie G. damsii können selbst keine Nahrung produzieren. Deshalb müssen sie auf andere Kakteen gepfropft werden (s.S. 116), um am Leben zu bleiben. Außerdem brauchen sie im Winter etwas mehr Wärme als andere Gymnocalycien.
Alle Arten sind kugelig. Aus den Areolen wachsen Seitensprosse. Sie können zum Ziehen neuer Pflanzen verwendet werden (s.S. 113). Oder man vermehrt die Kakteen durch Samen (s.S. 110).
Falls Gymnocalycien schnell wachsen sollen, werden sie jedes Frühjahr umgetopft. Andernfalls brauchen sie nur neue Töpfe, wenn die alten zu klein geworden sind.
Die meisten Arten blühen bereits im Jungstadium sehr leicht. Die Blüten wachsen im Frühjahr auf Röhren und halten etwa eine Woche.

Gymnocalycium mihanovichii var. damsii   Gymnocalycium venturianum   Spinnenkaktus

Seeigelkaktus

Bischofsmütze

Sternkaktus

Astrophytum-Kakteen sollte man erst ziehen, wenn man schon mit einfacheren Kakteen Erfahrungen gesammelt hat. Sie sind aber eine interessante Ergänzung in der Sammlung.
Diese Pflanzen haben nicht nur seltsame Formen, sondern auch merkwürdige weiße Flecken auf ihren Körpern.
Sie sind zunächst fast kugelförmig, werden später aber eher zylindrisch. Sie wachsen nur langsam. Astrophytum-Kakteen können in voller Sonne oder mit etwas Schatten wachsen und brauchen frische Luft.

Wenn man sie vorsichtig behandelt, werden sich an den Spitzen hübsche Blüten entwickeln. Diese schließen sich in der Nacht und öffnen sich morgens wieder. Sie halten etwa fünf Tage.
Die Kakteen ruhen im Winter (s.S. 84-85). Falls die alten Töpfe zu klein geworden sind, werden die Pflanzen zu Beginn des Frühjahrs umgetopft. Normalerweise entwickeln Astrophytum-Kakteen keine Seitensprosse. Deshalb vermehrt man diese Pflanzen am besten durch Samen (s.S. 110).

Kleiner Kakteengarten

Mit kleinen Kakteen und Sukkulenten kann ein Schalengarten bepflanzt werden. Für eine Schale nimmt man verschiedene Arten oder verschiedene Varietäten (s.S. 6) der gleichen Art.
Zuerst kommt eine Schicht Kies auf den Boden der Schale, damit für eine gute Entwässerung gesorgt ist. Dann wird mit einem Handspaten oder einem alten Löffel Kakteenerde aufgefüllt und für jede vorgesehene Pflanze ein Loch gegraben. Die Pflanzen werden in die Löcher gesetzt und die Erde um sie herum angedrückt. Man kann auch noch Kiesel, Steine oder andere Dinge als Schmuck auf die Schale legen.
Zum Wässern wird die Schale am besten in ein Becken mit Wasser gestellt, so daß sie gerade bedeckt ist. Wenn keine Luftblasen mehr aus der Erde kommen, nimmt man sie wieder heraus. Unter eine Seite der Schale wird ein Stein geschoben, damit überschüssiges Wasser etwa eine Stunde lang abfließen kann.

Alte Dame

und endet auch etwas früher. Mit dem Gießen wird nicht gewartet, bis sich Blütenknospen zeigen. Bei vielen Arten wachsen die kleinen Blüten im Winter und Frühjahr kreisförmig um die Spitzen der Pflanzen herum. Sie blühen ein paar Tage, schließen sich in der Nacht und öffnen sich am Morgen wieder.
Zum Vermehren werden die Sprosse genommen, die an den Basen und Seiten der Kakteen erscheinen (s.S. 113), oder man zieht aus Samen neue Pflanzen (s.S. 110). Die Sämlinge entwickeln sich nur langsam. Wenn Warzenkakteen jedes Frühjahr umgetopft werden, wachsen sie schneller (s.S. 111).

Warzenkakteen (Mammillaria) wachsen schnell und blühen leicht. Am besten gedeihen sie an einem sonnigen Platz. Sie können kugelig oder zylindrisch sein. Da die Pflanzen klein sind, eignen sie sich gut für ein Fensterbrett oder einen Schalengarten. Damit sie möglichst viele Blüten entwickeln, beginnt die Winterruhe etwas später als bei anderen Kakteen

Mammillaria bocasana

Mammillaria geminispina   Mammillaria zeilmanniana   Mammillaria dumetorum

„Wald"kakteen

Vom Osterkaktus gibt es zahlreiche Hybriden und Varietäten mit verschiedenfarbigen Blüten. Er wird unter mehreren botanischen Namen verkauft (s.S. 6). Wie bei allen „Wald"kakteen muß Lauberde in die Erdmischung gegeben werden, und die Pflanze braucht Schatten, frische Luft und einen Standort, an dem die Triebe herunterhängen können.

Wenn sich zu Ostern Blüten entwickeln sollen, muß die Pflanze von Ende Januar bis Anfang April nachts an einem kühlen, dunklen Platz stehen. Während des Tages wird sie wieder an ihren normalen Standort gebracht. Sie darf weder gegossen noch gedüngt werden. Sobald sich Knospen zeigen, wird sie nachts nicht mehr kalt gestellt. Dann gießt, düngt (einmal in der Woche) und besprüht man sie. Die Erde wird feucht gehalten. Die Blüten blühen etwa eine Woche lang an den Enden der flachen Sprosse. Neue Pflanzen werden aus Sproßgliedern (s.S. 112) gezogen.

Auch von dem Weihnachtskaktus gibt es viele Varietäten. Damit er zu Weihnachten blüht, wird er von Ende September bis Anfang Dezember an einen dunklen Ort gestellt. Er erfordert die gleiche Behandlung wie der Osterkaktus. Beide Pflanzen brauchen während der Ruheperiode eine Temperatur von mindestens 13 C und lassen sich leicht pflegen.

Osterkaktus

Es existieren Hunderte von Hybriden der Epiphyllumarten (Blattkakteen). Da auch sie zu den „Wald"-kakteen gehören, brauchen sie Lauberde in ihrer Erdmischung, Schatten und frische Luft. Sie sind leicht zu halten. Sie überwintern auch bei einer Temperatur von 5°C, bei größerer Wärme entwickeln sie jedoch mehr Blüten. Die Pflanzen dürfen selbst im Winter niemals austrocknen. Wenn sie im Mai und Juni blühen, werden sie alle zwei Wochen gedüngt. Die Blüten halten etwa vier Tage.

Hybriden mit roten Blüten blühen, wenn sie jung sind, leicht. Die großen Blüten öffnen sich während des Tages.
Hybriden mit gelben oder weißen Blüten blühen hingegen nicht so leicht, aber sie wachsen sehr kräftig. Ihre Blüten öffnen sich am Abend. Nach der Blüte werden die Kakteen umgetopft (s.S. 111).
Neue Pflanzen kann man aus Stecklingen (s.S. 112) oder aus Samen (s.S. 110) ziehen. Die Sämlinge wachsen recht schnell.

Epiphyllum x ackermanii   Epiphyllum x niobe

Andere Sukkulenten

Alle hier gezeigten Sukkulenten gedeihen an sonnigen Plätzen gut.
Beim Tigerrachen (Faucaria) sind die Blattpaare kreuzweise übereinander angeordnet, die Blattränder sind gezähnt.
Im Sommer und Herbst brauchen die Pflanzen viel Wasser. Wenn sie im Winter ruhen, müssen sie aber trocken gehalten werden.
Die großen Blüten öffnen sich im Herbst und sehen wie Tausendschönchen aus.
Diese Sukkulenten sollte man alle drei Jahre zu Beginn des Frühjahrs umtopfen (s.S. 111).

Lithops, Lebende Steine

Tigerrachen

Blühende Steine

Echeveria derenbergii

Faucaria kann man leicht durch Samen vermehren (s.S. 110). Die Sämlinge müssen im Winter feucht gehalten werden. Die Pflanzen lassen sich auch aus Stecklingen ziehen. Dazu schneidet man ein Blatt mit einem kleinen Stengel ab und behandelt es wie einen Stecklinge (s.S. 112).
Die winzigen Conophyten (Blühende Steine) sehen wie die echten Steine aus, zwischen denen sie in der freien Natur wachsen. Sie brauchen frische Luft, und wenn die Erde im Sommer trocken ist, muß gegossen werden. Sobald im Oktober die Blätter zu vertrocknen beginnen, wird das Gießen bis zum Mai eingestellt.
Im Mai entwickeln sich dann zwischen den alten Häuten neue Blätter. Die alte Haut kann entfernt werden, wenn sie braun geworden ist.
Die Blüten sehen ebenfalls wie die von Tausendschönchen aus und blühen zwischen August und Oktober. Wenn man Conophyten in kleinen Töpfen oder Schalen zieht, entwickeln sie viele Blüten.

Falls die Pflanzen schnell wachsen sollen, müssen sie alle drei Jahre im Juli umgetopft werden. Die Vermehrung der Conophyten erfolgt durch Samen oder Teilung (s.S. 113).
Die winzigen Lebenden Steine oder Lithops sehen ebenfalls wie echte Steine aus. Die Sprosse sind nicht sichtbar, weil sie in der Erde wachsen.
Von Mitte Oktober bis April werden die Pflanzen nicht gegossen, und auch sonst bekommen sie nur wenig Wasser, damit sie nicht anschwellen und verfaulen.
Gegen Ende der Ruheperiode wachsen neue Blätter zwischen den alten, die dann vertrocknen. Sobald sie ganz vertrocknet sind, beginnt man mit dem Gießen.
Im September oder Oktober entwickeln sich zwischen den Spalten der Blätter auf den Oberseiten der Pflanzen Blüten.
Zum Ziehen neuer Pflanzen werden die Lebenden Steine geteilt. Lithops werden alle drei Jahre umgetopft.

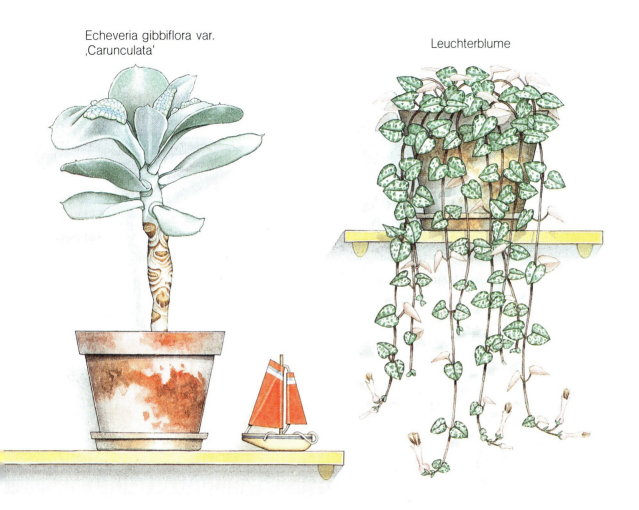

Echeveria gibbiflora var. ‚Carunculata'

Leuchterblume

Echeverien brauchen zum Färben ihrer Blätter, die eine Rosette bilden, viel Licht. Sie sind leicht zu pflegen und können im Sommer ins Freie gestellt werden. Es gibt zwei Arten von Echeverien. Die eine bildet eine stammlose Rosette (Echeveria derenbergii), die andere ist eine strauchartige Pflanze mit langem Stamm (E. gibbiflora). Diese verliert im Winter häufig die unteren Blätter. Um ihr Aussehen wieder zu verschönern, wird der obere Teil des Stengels abgeschnitten, zwei Tage getrocknet und wieder eingepflanzt. Der alte Stamm entwickelt neue Triebe, die man als Stecklinge verwenden kann.

Im Sommer werden Echeverien gut gegossen. Das Wasser darf aber nicht auf die wachsartigen Blätter kommen, weil dadurch Flecken entstehen würden. Im Winter ruhen die Pflanzen.

Die Blüten wachsen auf Stengeln an den Seiten der Rosette. Echeveria derenbergii blüht im Juni und E. gibbiflora im Spätherbst.

Diese Pflanzen können durch Kindel (s.S. 113), Samen (s.S. 110) und Blattstecklinge (s.S. 114) vermehrt werden. Man topft Echeverien jedes Jahr um.

Die Leuchterblume braucht einen Standort mit viel Licht und Platz, damit ihre langen, dünnen Stengel herunterhängen können.

Sie wird im Sommer nur wenig und im Winter während der Ruheperiode fast gar nicht gegossen. Die Pflanze blüht leicht, und ihre Blüten sehen wie kleine Laternen aus.

Neue Pflanzen lassen sich aus Stecklingen (s.S. 112) oder aus den kleinen Knollen ziehen, die an den Stengeln wachsen. Sie werden abgeschnitten und in Töpfe gepflanzt.

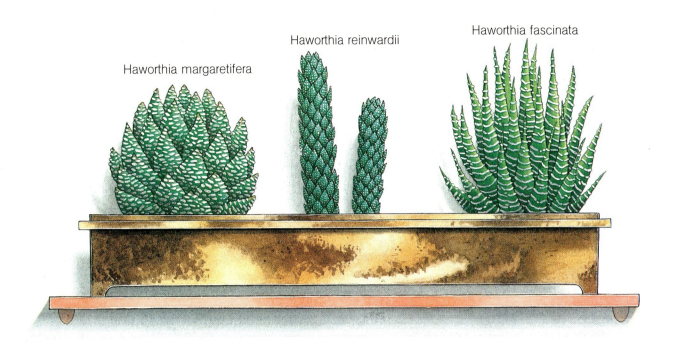

Haworthien sind leicht zu halten. Sie werden in die Sonne oder an einen leicht schattigen Platz gestellt. Da sie nicht sehr tief wurzeln, kann man für diese Pflanzen kleine Töpfe oder flache Schalen verwenden.
Ihre dicken, steifen Blätter wachsen gewöhnlich in einer Rosette und haben weiße Punkte oder Flecken. Die verschiedenen Arten weisen unterschiedliche Muster auf.
Die Erde sollte im Sommer feucht und im Winter fast trocken sein.
Die Blüten, die wie kleine Glocken aussehen, blühen im Sommer an langen Stengeln. Haworthien können jedes Frühjahr umgetopft werden (s.S. 111). Neue Pflanzen lassen sich aus Samen ziehen. Man kann auch die Triebe abschneiden, die sich an den Basen der Pflanzen entwickeln (s.S. 113) und diese eintopfen.
Die Kugel-Wolfsmilch, eine Euphorbie, ist im Jungstadium fast rund, wird später aber zylindrisch. Die Pflanze wächst sehr langsam.

Kugel-Wolfsmilch

Euphorbien haben wie Kakteen seltsame Formen und können sogar Stacheln besitzen, aber es sind dennoch keine Kakteen. Sie haben einen weißen Saft, der leicht Reizungen hervorruft. Wenn er auf die Haut kommt, muß er sofort abgewaschen werden. Euphorbien können direkt in der Sonne stehen. Der Christusdorn braucht einen trockenen Raum mit frischer Luft. Von Mai bis August wird er gut gegossen, zu anderen Zeiten darf er nur feucht sein. Er kann mehrmals im Jahr blühen, sogar im Winter. Während der Blütezeit benötigt er eine Temperatur von 13 °C. Die Pflanze wird jedes zweite Frühjahr umgetopft (s.S. 111). Im Juli schneidet man blütenlose Triebe von etwa 8 cm Länge als Stecklinge (s.S. 112).

Andere Euphorbien werden im Sommer und Frühherbst reichlich gegossen und dann bis zu Beginn des Frühjahrs trocken gehalten. Im Frühjahr werden sie umgetopft. Neue Pflanzen zieht man aus Samen (s.S. 110).

Die strauchigen Kalanchoen wachsen schnell. Man stellt sie direkt in die Sonne, gießt sie im Sommer gut und hält sie im Winter in einem warmen Raum geradefeucht. Neue Pflanzen lassen sich aus Samen oder Stecklingen ziehen. Kalanchoen werden jedes Frühjahr umgetopft. Kalanchoe tomentosa blüht wahrscheinlich nicht, aber andere Kalanchoen bilden Trauben von röhrenförmigen Blüten aus.

Kalanchoe tomentosa　　　Christusdorn　　　Euphorbia lactea

Sedum wird wegen der Blüten und ungewöhnlichen Blätter gezogen. S. morganianum steht am besten an einem Platz, an dem die langen, dünnen Triebe herunterhängen können. Da die Pflanze frische Luft mag, ist ein Fensterbrett gut geeignet. Wenn die Sonne im Sommer zu stark wird, braucht die Pflanze etwas Schatten, damit sie nicht austrocknet. In der Ruhezeit im Winter darf sie nicht zu kalt stehen. Nicht zuviel gießen!
Neue Pflanzen zieht man aus Samen (s.S. 110), Triebstecklingen (s.S. 112) oder Blattstecklingen (s.S. 114). Die sternförmigen Blüten blühen im Sommer an den Enden älterer Triebe.
Echeveria pulvinata braucht die gleiche Pflege wie andere Echeverien auch (s.S. 103). Diese Pflanze hat kurze Stengel und Blätter, die eine Rosette bilden. Die Blüten sind glockenförmig und blühen in Rispen an langen, geschwungenen Stengeln.

Gasterien hält man wegen ihrer glänzenden, gefleckten Blätter. Die Flecken können flach oder gewölbt sein. Die Pflanzen sind klein und leicht zu ziehen. Während der Wachstumsperiode im Sommer werden sie gut gegossen und im Winter in der Ruhezeit gerade feucht gehalten. Neue Pflanzen zieht man aus Samen, Blattstecklingen oder Kindeln.
Die röhrenförmigen Blüten blühen im Sommer an langen, gebogenen Stengeln. Diese müssen während der Blüte eventuell gestützt werden.
Die Warzige Zwergaloe hat Blätter mit kleinen grauen Knubbeln. Die Blätter sind paarweise übereinander angeordnet.
Die Blätter von Gasteria liliputana wachsen in einer Spirale an einem kurzen Stengel. Sie sind weißgepunktet.

Sedum rubrotinctum blüht wahrscheinlich nicht, aber wegen seiner fleischigen, farbigen Blätter ist es dennoch eine hübsche Pflanze. Sie mag frische Luft und kann von Frühjahrsbeginn bis zum Herbst auf einem Fensterbrett stehen. Wie viele andere Sukkulenten ist sie aber im Sommer auch gern im Freien. Man muß sie jedoch vor dem ersten Frost wieder ins Haus holen, weil sie sonst unweigerlich eingeht. Sedum rubrotinctum wird aus Samen (s.S. 110) oder Stecklingen (s.S. 112) vermehrt. Im Gegensatz zu anderen Sedumarten sind die Blätter für Blattstecklinge zu klein.

Auch Pachyphytum oviferum ist leicht zu pflegen. Wenn die Pflanze im Sommer im Freien steht, muß man sie vor dem ersten Frost wieder ins Haus nehmen. Die fleischigen Blätter färben sich in der Sonne ein wenig rosa.

Vom Frühjahr bis zum Herbst läßt man die Erde fast trocken werden, bevor wieder gegossen wird. Im Winter braucht die Pflanze nur so viel Wasser, daß die Blätter nicht vertrocknen, und außerdem sollte sie nachts nicht kühler als 10 °C stehen. Neue Pflanzen lassen sich aus Blattstecklingen (s.S. 114), Samen (s.S. 110) oder Triebstecklingen ziehen. Wenn die alten Töpfe zu klein geworden sind, werden die Pflanzen umgetopft.

Auch Crassula-Arten, die im Sommer im Freien stehen, müssen vor dem ersten Frost wieder ins Haus gebracht werden. Kleine Arten kann man in einen Schalengarten pflanzen (s.S. 98). Sie wirken dort wie kleine Bäume.

Fast alle Sukkulenten können im Sommer im Freien stehen. Die Pflanzen brauchen dort eventuell etwas mehr Wasser als gewöhnlich, weil die Sonne die Erde schneller austrocknet. Man gießt am frühen Morgen oder am späten Nachmittag. Falls die Sonne die Blätter verbrennt, müssen die Pflanzen sofort ins Haus genommen werden. Das gleiche gilt vor dem ersten Frost.

Stapelien oder Aasblumen sind schwer zu ziehen, aber ihre großen, eigenartigen Blüten sind einen Versuch wert. Die Knospen wirken wie große Ballone. Nachdem die Blüten verwelkt sind, entwickeln sich Samenschoten, die wie Hörner aussehen. Stapelien stehen im Sommer besser draußen, weil die Blüten einen unangenehmen Geruch haben und Fliegen anlocken.

Die Pflanzen werden im Sommer gut und im Winter wenig gegossen. Neue Pflanzen zieht man aus Samen (s. S. 110) oder aus ganzen Sprossen, die wie Stecklinge behandelt werden (s.S. 112).

Agaven blühen erst, wenn sie älter sind. Man hält sie wegen ihrer schwertartigen Blätter, die eine Rosette formen. Die Pflanzen werden im Sommer während der Wachstumsperiode gut gegossen. Im Winter ruhen sie. Wenn die alten Töpfe zu klein geworden sind, kommen sie in neue Behälter. Agave victoriae-reginae braucht im Winter etwas höhere Temperaturen als andere Agaven, und sie ist die einzige Agave, die keine Kindel entwickelt. Neue Pflanzen lassen sich aus Samen ziehen.

Agave victoriae-reginae

Stapelia nobilis

Aloen hält man wegen ihrer Rosetten und dicken Blätter. Aloe humilis hat weiße Knötchen auf den Blättern. Pflanzen, die im Sommer draußen sind, werden gut gegossen. Wenn die Pflanzen aber im Haus stehen, läßt man die Erde vom Frühjahr bis zum Herbst immer erst trocken werden. Im Winter wird gerade soviel gegossen, daß sie nicht austrocknen. Aloen müssen nicht sehr oft umgetopft werden – man füllt nur ab und zu etwas frische Blumenerde in die Töpfe. Neue Pflanzen werden aus Kindeln (s.S. 113) oder aus Samen gezogen. Die Blüten wachsen an langen Rispen.

Crassulaceae (unten ein Geldbaum) werden wegen ihrer dicken Blätter und ihrer baumartigen Formen gehalten. Wenn sie im Haus stehen, brauchen sie viel Licht. Ein guter Platz ist ein sonniges Fensterbrett. Die Pflanzen benötigen eine gute Entwässerung, denn sie müssen das ganze Jahr über gegossen werden. Im Winter hält man sie feucht. Neue Pflanzen werden aus Blattstecklingen, die man flach auf die Erde legt (s.S. 114), aus Trieben (s.S. 112) oder aus Samen (s.S. 110) gezogen.

Aloe humilis

Geldbaum

Aus Samen ziehen

Es ist recht leicht, Kakteen aus Samen zu ziehen, und es kostet auch nicht viel. Allerdings dauert es seine Zeit, und man muß geduldig sein. Ein Pflänzchen braucht möglicherweise zwei Jahre, bis es wie ein Kaktus aussieht. Die Aussaat erfolgt am besten im Frühjahr.

Man braucht:
Alte Zeitungen
Saatschalen aus Kunststoff
Schotter für eine gute Entwässerung
Samen, Anzuchterde, Sand, Blumenerde und Fungizid aus dem Gartencenter
Plastiktüte
Gummi
2 Stöcke
Pikierholz
Alten Löffel

1. Auf den Boden der Schale kommt eine Schicht Schotter. Dann wird die Schale bis 4 cm unter den Rand mit Anzuchterde gefüllt. (Es ist gut, wenn die Erde zuerst mit einem Fungizid getränkt wird.)

2. Mit der Hand werden gleichmäßig Samen auf die Erde gesät und mit 2 mm Sand bedeckt. Sie müssen nicht in Reihen liegen.

3. Die Schale wird in ein Becken mit Wasser gestellt. So wässert man immer, wenn die Erde trocken ist, bis die Sämlinge gut wachsen.

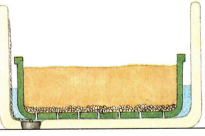

4. An den Seiten der Schale werden zwei Stöcke in die Erde gesteckt, die Schale wird in die Tüte geschoben und diese mit einem Gummi verschlossen. Die Tüte darf die Sämlinge nicht berühren.

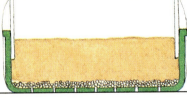

5. Die Schale in der Tüte kommt an einen hellen Platz. Damit die Sämlinge keimen, muß die Temperatur zwischen 21 und 27 °C liegen.

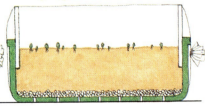

6. Wenn die Sämlinge Stacheln bekommen, wird die Tüte entfernt. Falls man mehrere Arten zusammen zieht, wird die Tüte abgenommen, sobald man die Sämlinge anfassen kann.

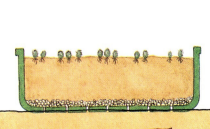

7. Haben diese einen Durchmesser von 6 mm, füllt man eine andere Schale mit Blumenerde. In Abständen von 3 cm werden mit einem Löffel Löcher in die Erde gegraben.

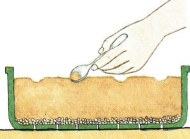

8. Man hält den Sämling vorsichtig mit der einen Hand und hebt ihn mit einem Pikierholz heraus. In jedes Loch kommt ein Sämling. Die Wurzeln sollten nicht beschädigt werden.

Kakteen umtopfen

Ein erwachsener Kaktus wird umgetopft, wenn die Wurzeln den alten Topf ausfüllen. Die meisten Kakteen brauchen etwa alle vier Jahre einen neuen Topf. Bei großen Pflanzen reicht es aber meist aus, wenn man etwas frische Erde in den Topf füllt. Die beste Zeit zum Umtopfen ist das Frühjahr, bevor mit dem Gießen begonnen wird. Auf Schädlinge an den Wurzeln achten!

Man braucht:
Saubere Töpfe von ca. 6 cm ø
Kakteenerde mit Lauberde (s.S. 84)
Alten Löffel
Alte Zeitungen
Schotter und Scherben (zerbrochene Tontöpfe)
Saubere Töpfe, etwas größer als die, in denen die Kakteen bisher wuchsen.

Sämlinge 1. Über die Abzugslöcher kommen Scherben, und darauf wird ein dicke Schotterschicht verteilt, damit das Wasser abfließen kann, ohne daß die Erde die Löcher verstopft.

2. Wenn die Sämlinge etwa 2 cm breit sind (bzw. 5 cm hoch), wird jeder 6-cm-Topf bis 2 cm unter den Rand mit Kakteenerde gefüllt.

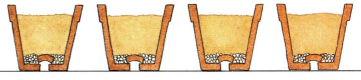

3. Man hält den Sämling mit einer Hand fest und gräbt mit dem Löffel die Wurzeln zusammen mit etwas Erde aus.

4. Der Sämling wird am Topfrand so eingesetzt, daß sich die Wurzeln ausbreiten können. Die Pflanze wächst dann schneller.

5. Der Sämling wird ebenso tief in die Erde gesetzt wie im alten Topf. In den nächsten Tagen nicht gießen!

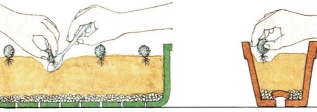

Große Kakteen 1. Die Abzugslöcher werden mit Scherben bedeckt. Darüber kommt eine dünne Schotterschicht.

2. Es wird so viel Erde in den Topf gefüllt, daß der Erdballen mit den Wurzeln 2 cm unter dem Topfrand sitzt.

3. Der Rand des alten Topfes wird auf eine Tischplatte geklopft, so daß der Erdballen in einem Stück herauskommt.

4. Man wickelt Zeitungspapier um den Kaktus und setzt ihn in den neuen Topf. Kleine Pflanzen kommen an den Rand, damit sich die Wurzeln ausbreiten können.

5. Es wird so viel Erde aufgefüllt, daß der Kaktus genauso tief sitzt, wie in seinem alten Topf.

6. Man drückt die Erde an den Rändern des Topfes und um die Pflanze herum an und gießt eine Woche nicht.

Möglichkeiten der Vermehrung

Jede Methode, mit der man Pflanzen vervielfacht, wird Vermehrung genannt. Am besten gelingt die Vermehrung mit Stecklingen, die im Mai oder Juni geschnitten werden. Den Pflanzen schadet das nicht. Man stellt die Stecklinge an einen warmen, schattigen Platz und gießt nicht viel. Beim Einpflanzen ist darauf zu achten, daß man sie richtigherum einsetzt.

Man braucht:
Alte Zeitungen
Stecklinge
Scharfes Messer
Alte Tasse
Blumenerde und groben Sand aus dem Gartencenter
Saubere Töpfe mit 6 cm ø
Pikierhölzer
Gießkanne
Etwas größere Töpfe zum Umtopfen

1. Der Steckling wird gerade abgeschnitten. Von Opuntien sollten immer ganze Sproßglieder weggenommen werden.

Bei einem Kaktus mit kleinen Gliedern werden drei Glieder zusammen abgeschnitten.

2. Man legt den Steckling an einen warmen, schattigen und trockenen Platz und wartet, bis er ausgetrocknet ist.

3. An der Schnittstelle bildet sich ein dicker Wulst.

4. Mit Hilfe einer Tasse werden gleiche Mengen Blumenerde und grober Sand gemischt.

5. Ein 6-cm-Topf wird bis 12 mm unter den Rand mit dem Sand-Erdgemisch gefüllt.

6. Man pflanzt die Stecklinge nahe an den Rand des Topfes, stützt sie mit Pikierhölzern und hält die Erde feucht.

7. Wenn die Stecklinge allein stehen können, werden sie einzeln in etwas größere Töpfe gesetzt (s.S. 111).

Seitensprosse können sich an Kakteen unter der Erde oder oberirdisch an den Kakteenkörpern entwickeln. Wenn Echinopsis- oder Rebutiakindel eigene Wurzeln entwickeln, schneidet man sie erst ab, wenn sie groß genug sind. Bei Kakteen, die wie Steine aussehen, erfolgt die Vermehrung durch Teilen der Pflanzen. Beide Vermehrungsmethoden werden im Sommer durchgeführt.

Man braucht:
Alte Zeitungen
Pflanzen zum Vermehren
Scharfes Messer
Saubere Töpfe von 6 cm ø, mit Blumenerde gefüllt
Saubere Töpfe von 6 cm ø, mit Sanderde gefüllt (s.S. 112)

Kindel an der Erdoberfläche
1. Wenn die Kindel 10 cm groß sind, werden sie an der schmalsten Stelle durchgeschnitten. Möglicherweise haben sie schon eigene Wurzeln.

2. Sie werden einzeln in Töpfe mit Blumenerde gesetzt.

Kindel am Kakteenkörper
1. Man schneidet die Kindel an ihrer schmalsten Stelle ab.

2. Sie werden genau wie Blattstecklinge behandelt.

Teilung
1. Mit den Fingern wird die Erde um eines der Pflänzchen gelockert.

2. Dann reißt man das Pflänzchen mit einem kleinen Stengelstück weg.

3. Es wird in einen eigenen Topf mit Blumenerde gesetzt.

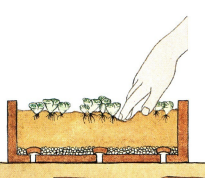
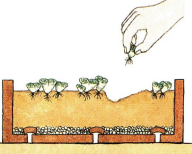

Einige Sukkulenten lassen sich vermehren, indem ihre Blätter aufrecht in die Erde gepflanzt werden. Dies ist bei Sedum, Haworthien, Crassulaceae, Echeverien und Kalanchoes möglich. Bei anderen Sukkulenten wie Gasterien schneidet man Blätter ab und legt diese flach auf die Erde.

Man braucht:
Alte Zeitungen
Pflanzen für Stecklinge
Saubere Töpfe mit 6 cm ø
Gießkanne
Scharfes Messer

1. Von einer Pflanze wird ein Blatt abgetrennt.

2. Das Blatt wird an einem warmen, schattigen und trockenen Ort zwei Tage getrocknet.

3. Ein 6-cm-Topf wird bis 12 mm unter den Rand mit Blumenerde gefüllt.

4. Man steckt das Blatt nahe am Rand des Topfes so tief in die Erde, daß es steht, und gießt die Erde alle zwei Tage ein wenig.

5. Innerhalb von zwei Wochen bildet das Blatt Wurzeln aus, und auf dem Blatt wächst eine kleine Blättertraube.

6. Diese entwickelt sich später zu einer Blattrosette (s.S. 9).

7. Wenn die Rosette so groß wie das alte Blatt ist, wird beides zusammen aus dem Topf genommen, und Rosette und Blatt werden an den Rand eines neuen 6-cm-Topfes in sandige Erde gepflanzt.

8. Sobald das alte Blatt ganz vertrocknet ist, schneidet man es ab und wirft es weg.

Spaltpfropfung

Kakteen können veredelt beziehungsweise „gepfropft" werden. Zu diesem Zweck wird ein Pfröpfling auf eine Unterlage (s.S. 6) gesetzt. Beim Pfropfen entstehen grundsätzlich keine neuen Pflanzen – es wird nur aus zwei alten eine neue Pflanze gemacht. Beide Teile sehen hinterher auch noch genau wie vor der Pfropfung aus. Unterlage und Pfröpfling müssen aus der gleichen Kakteenfamilie stammen. Manche Pfröpflinge wachsen auf bestimmten Unterlagen besser als auf anderen. Wer besonderes Interesse am Pfropfen hat, sollte sich ein spezielles Buch dazu kaufen.
Nie wird ein kräftiger Pfröpfling auf eine schwache Unterlage gepfropft. Der Sinn der Pfropfens ist ja, daß ein sich langsam entwickelnder oder schwächlicher Pfröpfling besser wachsen soll. Manche Pflanzen blühen dadurch auch früher. Wenn nur ein Teil einer Pflanze krank ist, kann der gesunde Teil auf eine gesunde Unterlage gepfropft und die Pflanze so erhalten werden.
Man verwendet nur gesunde Pfröpflinge und Unterlagen. Als Pfröpfling eignen sich gut die Spitzen neuer Triebe. Mammillarias, Rebutien und Gymnocalycien sind zum Beispiel gute Pfröpflinge. Als Unterlage wird ein schnellwachsender Kaktus genommen. Für eine zylindrische Pfropfung ist der Trichocereus besonders geeignet. Unterlage und Pfröpfling sollten etwa die gleiche Größe haben.
„Wüsten"kakteen pfropft man am besten von Mai bis August. Anschließend werden sie bei einer Temperatur von 20 bis 25 °C an einen trockenen Platz gestellt.

Man braucht:
Alte Zeitungen
Scharfes Messer
Opuntiasproß
Flachsprossigen Kaktus als Pfröpfling (s.S. 6)
Gießkanne

1. In den oberen Teil der Opuntie wird ein Schnitt gemacht.

2. Man schneidet ein Stück des flachsprossigen Kaktus ab (s.S. 116), das untere Ende von diesem wird keilförmig zurechtgeschnitten.

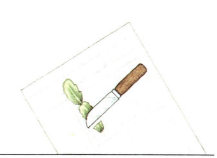

3. Der Pfröpfling wird fest in den Schnitt der Opuntie gesteckt. Von einem anderen Kaktus macht man vorsichtig einen Stachel ab.

4. Er wird durch Unterlage und Pfröpfling gestochen, damit der Pfröpfling nicht verrutscht. Die Pflanze kommt an einen warmen, trockenen, schattigen Platz.

5. Nach etwa zwei Wochen wird der Stachel herausgezogen. Bleibt der Pfröpfling an seinem Platz, ist er angewachsen.

Horizontalpfropfung

Nachdem eine Pflanze auf die auf Seite 115 beschriebene Weise gepfropft wurde, kann ein Teil des Pfröpflings abgeschnitten und noch einmal auf eine neue Unterlage gepfropft werden. Dadurch entwickeln sich an der ersten Unterlage neue Sprosse. Aus diesen lassen sich neue Pflanzen ziehen. In den Abbildungen 9, 10 und 11 ist gezeigt, wie man dabei vorgeht.

Man braucht:
Alte Zeitungen
Pflanze als Unterlage
Pflanze als Pfröpfling
Scharfes Messer
Etwas Watte
2 Gummis
Gießkanne
Saubere Töpfe von 6 cm ø, mit Sanderde gefüllt

1. Der obere Teil der Unterlage wird gerade abgeschnitten. (Man behandelt ihn wie einen Steckling.)

2. Dann wird der Pfröpfling abgeschnitten. (Der untere Teil des Pfröpflings sollte die gleiche Größe wie die Schnittfläche der Unterlage haben.)

3. Die Oberseite der Unterlage und die Unterseite des Pfröpflings werden zurechtgeschnitten und alle Stacheln entfernt.

4. Man drückt den Pfröpfling vorsichtig auf die Unterlage und versucht, beide Mitten aufeinanderzubringen.

5. Die Oberseite des Pfröpflings wird mit Watte geschützt.

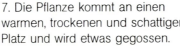

6. Um Topf und Pfröpfling werden Gummis gespannt, damit der Pfröpfling nicht verrutscht.

7. Die Pflanze kommt an einen warmen, trockenen und schattigen Platz und wird etwas gegossen.

8. Nach zwei Wochen entfernt man die Gummis. Wenn der Pfröpfling an seinem Platz bleibt, ist er angewachsen. Andernfalls werden die Gummis wieder darübergezogen.

9. Man kann einen angewachsenen Pfröpfling etwa 12 mm über der Unterlage abschneiden.

10. Das abgeschnittene Stück wird auf eine andere Unterlage gesetzt und mit Gummis festgehalten.

11. An dem Pfröpflingsstück auf der ersten Unterlage wachsen Kindel. Sie können später abgeschnitten werden (s.S. 113).

Sämlingspfropfung

Sämlinge, die gepropft werden, wachsen schneller. Je größer sie sind, umso kräftiger werden sie und umso höher ist ihre Überlebenschance. Pfropfen ist bei langsamwachsenden Sämlingen sinnvoll. Die Pflanze wird gepropft, wenn sie ein Jahr alt ist.

Man braucht:
Alte Zeitungen
Opuntie
Scharfes Messer
Watte
Sämling
2 Gummis

1. Der obere Teil der Opuntie wird abgeschnitten, so daß sie flach ist.

2. Dann schneidet man die Wurzeln des Sämlings ab, damit auch er flach ist.

3. Der Sämling wird auf die Opuntie gesetzt.

 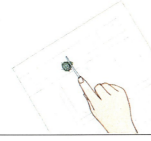 

4. Zum Schutz legt man etwas Watte auf den Sämling.

5. Damit er nicht verrutscht, wird er mit Gummis festgehalten.

6. Nach etwa zwei Wochen können die Gummis entfernt werden. Wenn der Sämling an seinem Platz bleibt, ist er angewachsen.

Kräuter waren schon in der Vergangenheit für die Menschen etwas Besonderes. Viele alte Sagen berichten davon, zum Beispiel soll Salbei große Zauberkraft verleihen, Thymian gegen Blitzschlag und Hexen schützen und Lorbeer, zu einem Stab zusammengebunden, den Wahrsagern zu ihrer Kraft verhelfen. Wer Kümmel sät, muß dabei tüchtig schelten, so kann er die Geister vertreiben und wer am Neujahrstag eine Möhre ißt, dem wird es durchs ganze Jahr an Geld nicht fehlen.
In diesem Kapitel soll jedoch nicht von den Geschichten alter Zeiten die Rede sein, vielmehr wird gezeigt, wie man Kräuter, die gut schmecken, selbst zieht, wie man sie pflegt, in der Küche verwendet und hübsche Dinge damit basteln kann.

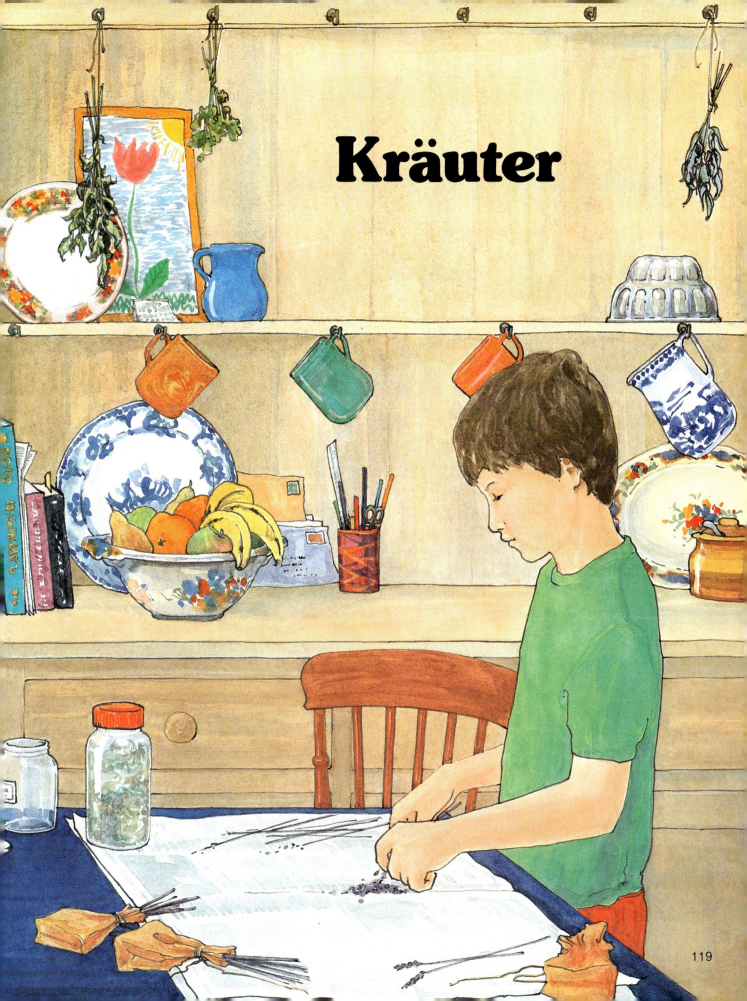

Was macht man mit Kräutern?

Kräuter können in vielen verschiedenen Behältern auf einem sonnigen Fensterbrett gezogen werden. Alte Blechdosen finden eine neue Verwendung, wenn man sie mit Lackfarbe anmalt und Abzugslöcher in den Boden schlägt. Genauso gut lassen sich Geschirr oder Kunststoffbehälter benutzen. Falls die Behälter keine Abzugslöcher haben, wird Kies auf den Boden geschüttet.

Wenn die Kräuter dann gewachsen sind, kann man sie zum Würzen von Speisen, zum Basteln von wohlriechenden Kugeln, für Gewürzsträußchen, für Lavendelkissen und für Duftmischungen (s.S. 140-148) verwenden.

Kräuter können natürlich auch im Freien wachsen. Wenn im Garten kein freies Fleckchen zu finden ist, werden Kräuter und Stecklinge, die im Haus vorgezogen wurden, in Wannen, Töpfe oder Fässer gepflanzt. In der Kräuterübersicht auf den Seiten 148-149 sind aufgeführt, welche Pflanzen für Behälter geeignet sind. Manche Kräuter können sogar das ganze Jahr über draußen bleiben. Aber wo immer die Kräuter auch wachsen, man kann sie zum Kochen und für viele andere, schöne Dinge verwenden.

Im Haus und im Garten

Kräuter können in Blechdosen auf dem Fensterbrett wachsen. Die Blechdosen werden zuerst mit Lackfarbe angemalt, und es müssen Abzugslöcher in den Boden geschlagen werden. Dann bepflanzt man sie genau wie Töpfe (s.S. 139).

Petersilie und Basilikum sind einjährig. Die Samen werden in Schalen gesät und die Sämlinge später pikiert (s.S. 134-135), oder es wird direkt in die Töpfe gesät. In einem 14-cm-Topf passen drei Pflanzen.

Minze ist mehrjährig und wird am besten aus Wurzelstücken gezogen. Diese werden flach in einen Topf gelegt und mit 2 cm Blumenerde bedeckt. Wenn die Triebe etwa 30 cm lang sind, schneidet man sie ab. Es wachsen neue nach.

Schnittlauch ist ebenfalls mehrjährig. Er wird aus Samen oder aus Zwiebeln gezogen. Die Zwiebeln pflanzt man im Abstand von 2 cm ein. Später breiten sich die Pflanzen im ganzen-Behälter aus. Die Blätter können abgeschnitten werden, wenn sie 7 bis 10 cm lang sind. Es wachsen neue nach.

Zitronenpelargonien werden gekauft oder durch Stecklinge vermehrt (s.S. 136). Sie gedeihen im Zimmer gut. Die duftenden Blätter eignen sich für Duftmischungen (s.S. 144).

Gartenkresse wächst zu jeder Jahreszeit in einem Topf oder einer flachen Schale. Diese wird halb mit Erde gefüllt oder mit Filz oder Löschpapier ausgelegt. Bevor die Samen dick und gleichmäßig hineingestreut werden, gießt man das Ganze gut. Wenn die Kresse 5 cm groß ist, wird sie für Salate verwendet.

Falls kein Platz für einen Kräutergarten vorhanden ist, können Kräuter dennoch im Freien in Behältern gezogen werden. Man benötigt nur einen Platz, wo man große Töpfe aufstellen kann. Kunststofftöpfe sind haltbarer und preiswerter als Tontöpfe. Eine in der Mitte durchgesägte Tonne ist auch gut geeignet. Ein Lorbeerbaum sieht in einem Topf besonders hübsch aus. Er ist immer grün und wird sehr alt. Neue Triebe werden im Frühjahr und im Herbst auf halbe Länge zurückgeschnitten, damit der Baum schöner aussieht. Man kann ihn auch in Form einer Kugel zurechtstutzen. Im Herbst kann Steckholz geschnitten werden, aber wahrscheinlich wurzelt es schlechter als Stecklinge.

Um den Lorbeerbaum kann man Thymian (mehrjährig) und Petersilie pflanzen, die einjährig gezogen wird. Die Samen werden direkt in den Topf oder in Saatschalen im Haus gesät (s.S. 134) und in den Topf gepflanzt, sobald man die Sämlinge anfassen kann (s.S. 135).

Thymian und Petersilie lassen sich auch in eigenen Behältern ziehen.

Lorbeerbaum
Basilikum
Zitronenstrauch
Thymian   Petersilie
Apfelminze

Alle hier abgebildeten Pflanzen sind einjährig. Ringelblumen machen ein Kräuterbeet farbiger. Die Samen werden im Frühjahr direkt in die Erde gesät und die Pflänzchen später auf Abstände von 25 cm ausgedünnt. Man kann sie auch in 12-cm-Töpfen mit Blumenerde ziehen (s.S. 134) und dann auf drei Sämlinge pro Topf vereinzeln. Ein paar Blütenblätter können in einen Salat gegeben werden, oder sie werden für eine Duftmischung getrocknet (s.S. 144).

Basilikum zieht man genau wie Ringelblumen. Es wird etwa 30 cm hoch. Die Blätter schmecken gut in Tomaten- und Bohnensalat oder in Suppen und Omelettes.

Auch Sommer-Bohnenkraut wird so angebaut. Es erreicht eine Höhe von 25 cm. Die Blätter passen zu Suppen oder zu Fisch. Gehackte Blüten und Blätter werden über Käsegerichte gestreut oder mit zerlassener Butter auf Dicken Bohnen gegessen.

Petersilie ist vielfältig verwendbar. Sie sieht sowohl am Beetrand als auch in der Mitte des Beetes hübsch aus. Sie schmeckt sehr gut und ist ausgezeichnet zum Garnieren vieler Speisen geeignet. Außerdem enthält sie Eisen und Vitamine. Sie wird im Zimmer in Töpfe (s.S. 134) oder im Freien direkt in den Boden (s.S. 132) gesät und erreicht eine Höhe bis zu 40 cm.

Basilikum

Ringelblume

(Sommer-) Bohnenkraut

Petersilie

Färberwaid

Engelwurz

Fenchel

Borretsch

Färberwaid ist zweijährig. Im ersten Jahr wachsen die Blätter in einer Rosette (s.S. 9), im zweiten Jahr wird er bis zu 1,15 m hoch und entwickelt gelbe Blüten. Er hat schwarze Samenstände, die getrocknet in Trockensträußen hübsch aussehen.

Borretsch wird zweijährig gezogen und erreicht etwa 75 cm Höhe. Die Samen werden im Haus (s.S. 134) oder im Freien ausgesät (s.S. 132). Die Blätter eignen sich für Salate, oder sie werden zusammen mit den Borretschblüten in kühle Sommergetränke gegeben.
Engelwurz und Fenchel sind mehrjährig und blühen im zweiten Jahr. Da beide bis zu 2 m hoch werden, brauchen sie einen besonderen Platz. Rhabarber ist nicht so sauer, wenn man einen Engelwurzstengel mitkocht.
Alle diese Pflanzen lassen ihre reifen Samen auf den Boden fallen, aus denen dann neue Pflanzen wachsen.

Kümmel erreicht eine Höhe bis zu 50 cm. Die Samen ausgewachsener Pflanzen werden gesammelt, indem man die Samenköpfe, wenn sie braun werden, abschneidet. Am besten sät man die Samen, sobald sie im Herbst reif sind. Frühjahrssaat geht nur langsam auf. Die Aussaat erfolgt im Freien an einem sonnigen Platz (s.S. 132). Später wird auf Abstände von 20 cm ausgedünnt (s.S. 152). Wenn man mit den Samen Kuchen, Kekse oder Brot würzen will, werden sie in Wasser abgekocht, in der Sonne getrocknet und in einem luftdicht verschlossenen Behälter aufgehoben.

Schildampfer wird an einem sonnigen Platz etwa 30 cm groß. Er kann im Freien aus Samen (s.S. 132) oder durch Wurzelteilung gezogen werden (s.S. 138). Man kann Suppen mit einigen Ampferblättern verfeinern, es sollten aber nicht zu viele genommen werden, denn sie sind bitter.

Der Gute Heinrich erreicht eine Höhe von 75 cm. Man sät die Samen im Frühjahr an einen schattigen Platz ins Freiland (s.S. 132) und dünnt die Sämlinge später auf Abstände von 25 cm aus. Nach zwei Jahren werden die Pflanzen geteilt. Die Blätter dieses Krautes können im Sommer gekocht und gegessen werden.

Anis wird im Frühjahr im Freien an eine sonnige Stelle gesät, und die Sämlinge werden später auf 25 cm Abstand ausgedünnt. Wenn die Samen reif sind, schüttelt man sie vom Stengel ab in einen Beutel hinein. Sie werden in einem verschlossenen

Kümmel

Rosmarin

Sauerampfer

Guter Heinrich

Anis

Glas aufbewahrt, bis man sie zum Würzen von Süßigkeiten oder Kuchen braucht.
Salbei kann grau, violett oder dreifarbig sein (grau, violett und weiß). Graublättriger Salbei paßt gut zu Schweinefleisch. Bei violettem und dreifarbigem Salbei erfolgt die Vermehrung im Frühjahr durch Samen (s.S. 132) oder durch Stecklinge (s.S. 136). Stecklinge wurzeln gut an.
An einem sonnigen, gut drainierten Platz ist Estragon sogar winterhart. Er wird zum Zubereiten von Hühnchen und Fisch verwendet. Neue Pflanzen erhält man durch Wurzelteilung (s.S. 138).
Schnittlauch ist eine hübsche Wegeinrahmung. Wenn die Zwiebelchen regelmäßig abgeschnitten werden (man ißt sie nicht), entwickelt er immer wieder neue Blätter. Diese kommen gehackt in Suppen, Salate und über Eier und Frischkäse.
Knoblauch wird an einem sonnigen Platz 25 bis 45 cm hoch. Die weißen Blüten müssen ausgezwickt werden, sonst verliert der Knoblauch seinen Geschmack. Er wird aus Brutzwiebeln gezogen, die man im Frühjahr oder im Herbst pflanzt.
Rosmarin braucht einen sonnigen Platz mit guter Drainage. Wo es im Winter keinen Frost gibt, kann er auch an einer Wand oder als 1 m hohe Hecke erzogen werden. Sonst muß er in einem Topf im Haus überwintern. Im Herbst schneidet man Steckholz (s.S. 138) und pflanzt es in einen Topf (s.S. 139) oder direkt in den Boden (s.S. 132). Es wurzelt schnell.

Gartensalbei

Estragon

Knoblauch

Schnittlauch

Bei allen hier abgebildeten Pflanzen handelt es sich um Sträucher (s.S. 8).
Der Zitronenstrauch, dessen Blätter gut duften, übersteht sogar leichten Frost, wenn er an einen warmen, geschützten Platz mit guter Drainage gepflanzt wird. Strenger Frost läßt die oberen Teile der Pflanze absterben, doch im Frühjahr treibt sie wieder neu aus. Junge Pflanzen werden besser ausgegraben und in einem Topf im Haus überwintert (s.S. 139). Wenn die Blätter abfallen, werden sie bis zum Frühjahr nur noch wenig gegossen. Im späten Frühjahr schneidet man die Zweige zurück und pflanzt den Zitronenstrauch wieder ins Freie (s.S. 133). Im Mai können aus Stecklingen neue Zitronensträucher gezogen werden (s.S. 136).

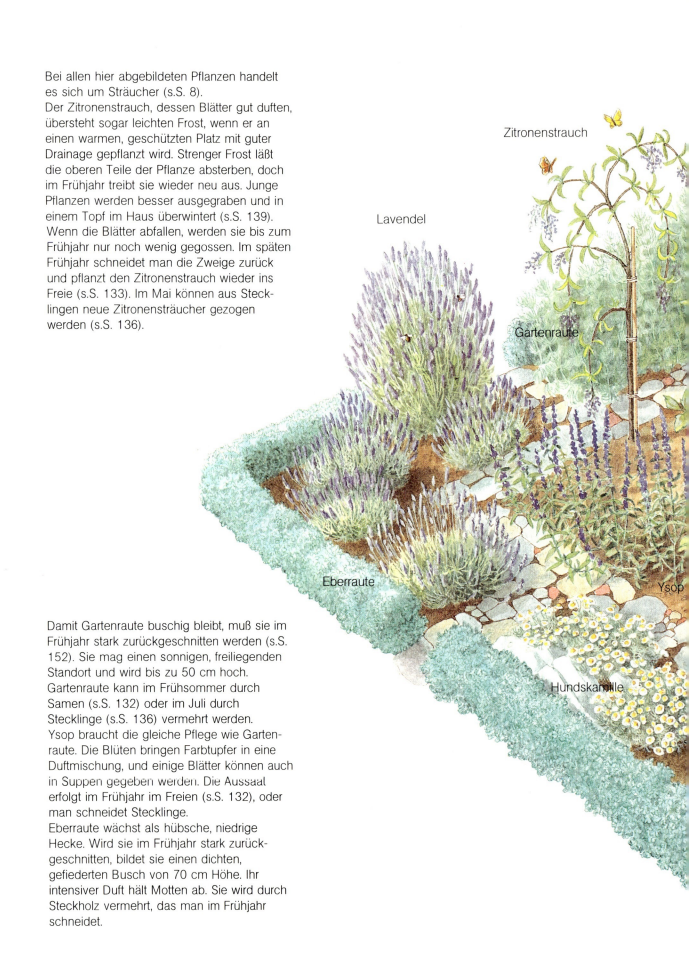

Damit Gartenraute buschig bleibt, muß sie im Frühjahr stark zurückgeschnitten werden (s.S. 152). Sie mag einen sonnigen, freiliegenden Standort und wird bis zu 50 cm hoch. Gartenraute kann im Frühsommer durch Samen (s.S. 132) oder im Juli durch Stecklinge (s.S. 136) vermehrt werden.
Ysop braucht die gleiche Pflege wie Gartenraute. Die Blüten bringen Farbtupfer in eine Duftmischung, und einige Blätter können auch in Suppen gegeben werden. Die Aussaal erfolgt im Frühjahr im Freien (s.S. 132), oder man schneidet Stecklinge.
Eberraute wächst als hübsche, niedrige Hecke. Wird sie im Frühjahr stark zurückgeschnitten, bildet sie einen dichten, gefiederten Busch von 70 cm Höhe. Ihr intensiver Duft hält Motten ab. Sie wird durch Steckholz vermehrt, das man im Frühjahr schneidet.

Liebstöckel wird mindestens 1 m hoch und gedeiht sowohl in der Sonne als auch im Schatten gut. Er hat einen intensiven Geschmack. Stengel und Blätter finden gehackt in Suppen oder Salaten Verwendung. Die Samen werden im Juli ausgesät (s.S. 132), oder man teilt im Oktober die Wurzeln.
Spanischer Kerbel hat durchbrochene Blätter und hübsche, schwarze Samenköpfe. Er wird etwa 60 cm hoch und braucht etwas Schatten. Die Aussaat erfolgt im Frühjahr im Haus (s.S. 134). Im Herbst fallen Samen auf den Boden, und es entwickeln sich daraus neue Pflanzen. Mit den Blättern würzt man Salate.
Dill erreicht eine Höhe von 40 cm. Die Aussaat erfolgt zu Beginn des Frühjahrs im Haus oder ab Mai an dem endgültigen Standort.

Majoran ist ein dichter Bodendecker. Zur Vermehrung werden im Herbst die Wurzeln geteilt (s.S. 138) oder im Juni Stecklinge geschnitten (s.S. 136). Die Blätter eignen sich für Eintöpfe.
Hundskamille bildet ein süßduftendes Polster. Man sät die Samen im Frühjahr in das Kräuterbeet oder teilt im April die Wurzeln. Neue Pflanzen werden im Abstand von 10 cm in den Boden gesetzt. Die getrockneten Blüten (s.S. 140) kommen in Kräutertees (s.S. 146).
Lavendel ist ein Strauch und bildet eine hübsche, niedrige Hecke. Im Herbst wird Steckholz geschnitten (s.S. 138) und dieses in einen Topf (s.S. 139) oder direkt in den Boden gepflanzt. Es wurzelt leicht an.
Lavendel kann in Duftkissen (s.S. 141) oder Duftmischungen (s.S. 144) verwendet werden. In frostfreien Monaten gedeiht die Zitronenpelargonie im Freien gut (s.S. 133).

Minze, Virginische Melisse, Zitronenmelisse und Zwiebeln sind mehrjährig (s.S. 8). Minze wird in einen alten Eimer ohne Boden gepflanzt, den man in die Erde einläßt, damit sich die Wurzeln nicht ausbreiten können. Neue Pflanzen erhält man durch Wurzelteilung (s.S. 138).

Es gibt verschiedene Minzearten. Die getrockneten Blätter der Lavendelminze und der Bergamottminze, die beide 30 cm hoch werden, eignen sich gut für Duftmischungen. Gescheckte Rundblättrige Minze, die auch eine Höhe von 30 cm erreicht, sieht im Kräuterbeet sehr hübsch aus. Grüne Minze und Rundblättrige Minze werden 1 m hoch und sind die geeignetsten Sorten für die Küche, speziell für Minzesaucen.

Aus den Blättern der Zitronenmelisse macht man einen leckeren Kräutertee (s.S. 146). Zur Vermehrung werden die Wurzeln geteilt.

Virginische Melisse hat hübsche, haarige, rote Blüten auf quadratischen, 65 cm hohen Stengeln. Die süßduftenden, frischen Blätter werden für Salat oder für Kräutertee verwendet. Getrocknet kann man sie in eine Duftmischung geben. Für das Kräuterbeet werden neue Pflanzen gekauft oder alte Pflanzen im Herbst durch Teilung vermehrt.

Auch eine Küchenzwiebel sieht im Kräuterbeet hübsch aus. Eine einzige Zwiebel entwickelt während des Sommers um sich herum viele neue Zwiebeln. Der Stengel wird etwa 40 cm hoch und bildet an der Spitze eine Traube von winzigen Zwiebeln aus. Diese können zum Würzen von Speisen genommen oder in die Erde gesetzt werden, damit neue Zwiebelpflanzen wachsen.

Lavendelminze · Bergamottminze · Rundblättrige Minze · Grüne Minze

Das Heiligenkraut ist ein grauer Halbstrauch mit intensiv riechenden Blättern. Damit der Strauch schöner aussieht, wird er im April gerade über dem Altholz zurückgeschnitten (s.S. 152). Er bekommt bald neue Triebe. Wenn er nicht zurückgeschnitten wird, sieht er nach zwei Jahren häßlich aus. Getrocknete Blätter kommen in die Duftmischung (s.S. 144). Beim Heiligenkraut werden junge Pflanzen gekauft, oder es wird im Frühjahr oder Herbst Steckholz geschnitten (s.S. 138). Es gibt viele verschiedene Thymianarten. Der Feldthymian bildet einen dicken Teppich auf dem Boden. Im Hochsommer ist er mit rosa, malvefarbenen und roten Blüten übersät, die die Bienen anlocken. Außerdem gibt es Thymian mit grünen Blättern oder mit silbrig und golden gescheckten Blättern. Alle wachsen in dichten Büschen und werden etwa 20 cm hoch.

Der wilde Thymian aus der Provence in Frankreich hat süßduftende, graue Blätter. Neue Pflanzen werden aus Stecklingen gezogen. Manchmal entdeckt man unter den Thymianpflanzen auch einzelne Stücke, die bereits Wurzeln gezogen haben. Diese können abgeschnitten und eingepflanzt werden.

Aussaat im Freien

Bevor Samen ausgebracht oder Kräuter gepflanzt werden, muß man den Boden vorbereiten. Entweder wird in ein besonderes Saatbeet gesät, und die Sämlinge werden später in das Kräuterbeet verpflanzt, oder die Aussaat erfolgt direkt an Ort und Stelle. Das Saatbeet muß geschützt sein und viel Sonne bekommen.

Man braucht:
Spaten
Eimer für Unkraut und Wurzeln
Lauberde oder organisches Material
Grabegabel
Harke
Gießkanne
2 Stöcke und Schnur
Samentütchen

1. Im Herbst wird der Boden mit einem Spaten umgegraben, und Unkraut und die Wurzeln mehrjähriger Pflanzen werden auf den Komposthaufen gebracht.

2. Man gräbt etwas Lauberde, Mist oder organisches Material vom Komposthaufen (s.S. 153) unter.

3. Im Frühjahr wird der Boden noch einmal mit der Gabel gelockert und neues Unkraut entfernt.

4. Der Boden wird so lange mit der Harke bearbeitet, bis er eben und die Oberfläche fein ist.

5. Wenn der Boden trocken ist, tritt man die Erde vorsichtig fest. Nasser Boden bleibt an den Stiefeln kleben.

6. Noch einmal wird geharkt, damit die Erde ganz fein wird. Falls der Boden sehr trocken ist, gießt man ihn gut und wartet dann einen Tag.

7. In einem Saatbeet werden mit der Ecke der Harke im Abstand von 20 cm flache, gerade Rillen gezogen.

8. Man klopft die Samen über den Rillen vorsichtig aus der Tüte oder legt sie mit der Hand in die Erde.

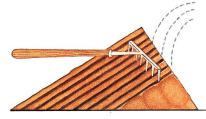

9. In Kräuterbeeten werden die Samen nicht in Rillen, sondern dünn und gleichmäßig auf den Boden gesät.

10. Vorsichtig harkt man Erde über die Samen. Wenn der Boden trocken ist, wird gegossen.

11. Die Sämlinge werden später im Saatbeet auf 10 cm und im Kräuterbeet auf 20 cm ausgedünnt.

Auspflanzen

Gekaufte Kräuterpflanzen und bewurzelte Stecklinge kommen direkt in das Kräuterbeet. Wenn möglich, sollte der Boden im Herbst bearbeitet werden, damit der Winterfrost die Erde aufbrechen kann. Andernfalls wird im Frühjahr gut umgegraben. Je besser der Boden vorbereitet ist, umso besser gedeihen die Kräuter.

Man braucht:
Grabegabel
Kleine Gabel (so groß wie ein Handspaten)
Sämlinge
Kasten
Handspaten
Gießkanne
Pflanzen
Gutbewurzelte Stecklinge

Sämlinge Sämlinge, die im Saatbeet wachsen, können ab 10 cm Größe umgepflanzt werden.
1. Zuerst wird der Boden vorbereitet (s.S. 132).

2. Die Sämlinge werden mit der kleinen Gabel vorsichtig aus dem Saatbeet gehoben. Es sollte etwas Erde an den Wurzeln bleiben.

3. Sie kommen in einen Kasten und werden zum Kräuterbeet gebracht. Schattig halten, denn in der Sonne welken sie.

4. Mit dem Handspaten wird für jeden Sämling im Kräuterbeet ein Loch gegraben. Die Sämlinge brauchen zum Wachsen Platz.

5. Die Löcher werden mit Wasser gefüllt.

6. Dann pflanzt man die Sämlinge in die Löcher.

7. Rundherum wird Erde aufgefüllt und diese mit den Fingerknöcheln angedrückt.

8. Falls das Beet viel Sonne bekommt, muß man die Sämlinge beschatten, bis sie kräftig wachsen. Regelmäßig gießen.

Pflanzen und Stecklinge
1. Für Pflanzen oder Stecklinge werden mit dem Handspaten Löcher in die vorbereitete Erde gegraben. Die Löcher mit Wasser füllen.

2. Torftöpfe kann man miteinpflanzen. Aus anderen Töpfen müssen die Pflanzen herausgenommen werden.

3. Die Wurzeln nicht verletzen! Man setzt die Pflanzen in die Löcher, füllt mit Erde auf und drückt diese gut an. Gießen.

Aussaat im Haus

Die Samen werden zu Beginn des Frühjahrs gekauft. Anzuchterde kann ebenfalls gekauft oder selbst zusammengemischt werden (s. unten). Die Aussaat einjähriger Pflanzen erfolgt im März oder April, Zwei- und Mehrjährige werden von Mai bis Juli ausgesät. Wenn man die Kräuter später in Behälter oder Beete ins Freie verpflanzen will, müssen sie zuvor abgehärtet werden (s.S. 6)

Man braucht:
Alte Tasse und Sieb
Groben Sand, Torf und Gartenerde oder fertige Anzuchterde
Saatkasten oder Topf
Holzstück
Samentütchen
Alte Gabel
Schildchen und Klebestreifen
Plastiktüte und Gummi
Gießkanne mit feiner Brause

1. Man mischt jeweils eine Tasse Sand und Torf mit zwei Tassen Erde und siebt die Mischung.

2. Der Saatkasten wird bis 2 cm unter den Rand mit Anzuchterde gefüllt und diese mit dem Holzstück angedrückt. Gut gießen!

3. Sind die Samen sehr klein, wird in dem Tütchen etwas Sand daruntergemischt, weil die Aussaat dann einfacher ist.

4. Man schüttelt die Tüte behutsam, so daß die Samen dünn und gleichmäßig auf die Erde fallen. Nicht mit Erde bedecken!

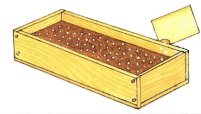

5. Wenn die Samen groß sind, werden flache Rillen in Abständen von 2,5 cm in der Erde gezogen.

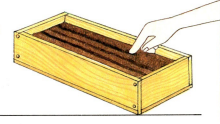

6. Dann werden die Samen in gleichmäßigen Abständen in die Rillen gelegt.

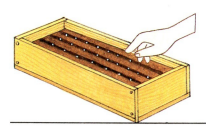

7. Behutsam wird etwas Erde über die Rillen geharkt.

8. Man notiert den Kräuternamen und das Saatdatum auf einem Schild und klebt es an den Kasten.

9. Der Kasten wird vorsichtig in die Tüte geschoben, mit dem Gummi verschlossen und an einen warmen, dunklen Platz gestellt.

10. Wenn Sämlinge wachsen nimmt man die Tüte ab und stellt den Kasten ins Licht.

11. Falls die Erde trocken ist, gießt man mit einer feinen Brause.

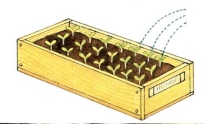

Pikieren

Sobald die Sämlinge so groß sind, daß man sie anfassen kann, brauchen ihre Wurzeln mehr Platz. Die Sämlinge werden aus ihrem Kasten mit Anzuchterde genommen und in einen Kasten mit Blumenerde verpflanzt. Man nennt diese Verfahrensweise „Pikieren".

Man braucht:
Kasten oder Schale
Handelsübliche Blumenerde
Gabel
Gießkanne mit feiner Brause

1. Sobald man die Sämlinge anfassen kann, werden sie in einen Kasten mit Blumenerde pikiert.

2. Der Kasten wird bis 2 cm unter den Rand mit Blumenerde gefüllt.

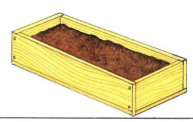

3. Mit der Gabel wird ein Loch in die Erde gegraben.

4. Man hält den Sämling an den Keimblättern und schiebt die Gabel mit der anderen Hand vorsichtig unter die Wurzeln.

5. Dann wird der Sämling in das Loch im neuen Kasten gesetzt und die Erde um ihn herum mit den Fingern angedrückt.

6. Alle anderen Sämlinge werden ebenso behandelt. Der Abstand zwischen den Pflänzchen sollte 4 cm betragen.

7. Die Sämlinge brauchen reichlich und regelmäßig Wasser. Bis die Pflänzchen kräftig aussehen, kommt der Kasten an einen hellen Platz.

8. Dann kann man ihn in die Sonne stellen und muß die Sämlinge nur schützen, wenn sie sehr heiß ist. Die Erde sollte feucht, aber nicht naß sein.

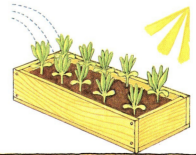

Kräuter vermehren

Stecklinge sind einerseits eine aufregende Sache, weil man beobachten kann, wie sich daraus neue Pflanzen entwickeln, andererseits kann man auf diese Weise seine Pflanzen leicht und preiswert vermehren.

Stecklinge werden im Frühjahr und Frühsommer, Steckholz meist im Spätsommer und im Herbst geschnitten.

Man braucht:
Alte Tasse und scharfes Messer
Torf, groben Sand oder Torfkultursubstrat
Bewurzelungsmittel
Scherben (Stücke zerbrochener Tontöpfe)
Töpfe mit 10 cm ø
Stecklinge
4 Stöcke
Plastiktüte und Gummi
Töpfe mit 8 cm ø

1. Mit Hilfe der Tasse werden gleiche Teile Torf und grober Sand gemischt.

2. Über das Abzugsloch eines 10-cm-Topfes wird eine Scherbe so gelegt, daß die scharfen Kanten nach unten weisen.

3. Dann füllt man bis 6 mm unter den Rand Erdmischung auf, drückt sie an und gießt gut.

4. Fünf Triebspitzen von 5 bis 10 cm Länge und 2 bis 3 cm Dicke werden abgeschnitten. Sie sollten fest, aber nicht steif oder weich sein.

5. Man legt die Stecklinge auf eine harte Oberfläche und schneidet die Stengel direkt unter einer Blattknospe durch.

6. Die untersten Blattpaare werden entfernt.

7. In gleichmäßigen Abständen werden mit einem Stock am Rand des Topfes Löcher in die Erde gedrückt. Sie müssen so tief sein, daß die Stecklinge bis zum ersten Blattpaar in der Erde sitzen.

8. Die Stecklinge werden vor dem Einpflanzen in Bewurzelungsmittel getaucht.

Es ist nicht ganz einfach, neue Pflanzen aus Stecklingen zu ziehen. Wenn man es ausprobiert und auch andere Gärtner um Rat fragt, bekommt man mit der Zeit Übung. Stecklinge können im Frühjahr und im Sommer von Salbei, Gartenraute, Ysop, Zitronenstrauch und Majoran geschnitten werden.

9. Jeder Steckling wird in ein Loch gesetzt, so daß das Ende den Boden des Loches berührt. Die Blätter sollten sich gegenseitig nicht berühren. Die Erde wird mit dem Daumen angedrückt.

10. Nahe am Topfrand werden zwischen den Stecklingen in gleichmäßigen Abständen Stöcke in die Erde gesteckt.

11. Der Topf wird vorsichtig in die Plastiktüte gesetzt und diese mit einem Gummi verschlossen. Dann kommen die Stecklinge an einen warmen, hellen Platz.

12. Wenn sie (nach etwa vier Wochen) angewachsen sind, nimmt man die Tüte ab.

13. Wenn man den Topf kopfüber vorsichtig auf eine Tischkante klopft, kommt der Erdballen ganz heraus und man sieht, ob die Stecklinge Wurzeln haben.

14. Sollte das der Fall sein, setzt man alles in den Topf zurück und läßt ihn zwei Tage ohne Tüte stehen.

15. Sind keine Wurzeln zu sehen, wird die Tüte noch für einige Wochen über den Topf gezogen. Dann schaut man wieder nach Wurzeln.

16. In 8-cm-Töpfe werden Scherben gelegt, und bis auf halbe Höhe wird Erde eingefüllt.

17. Jeder Steckling bekommt einen eigenen Topf, darf aber nicht tiefer als zuvor gepflanzt werden. Die Erde wird angedrückt. Dann stellt man die Töpfe an einen sonnigen Platz.

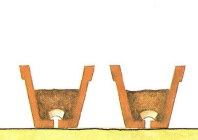

Einige Pflanzen lassen sich durch Steckholz vermehren und andere wieder durch Wurzelteilung. Im Herbst wird Steckholz von Rosmarin, Eberraute, Heiligenkraut und Lavendel genommen. Bei Minze, Estragon, Zitronenmelisse, Virginischer Melisse, Sauerampfer und Schnittlauch können im Frühjahr oder im Herbst die Wurzeln geteilt werden.

Man braucht:
Pflanzen zum Vermehren
Scharfes Messer
Handspaten
Groben Sand
Spaten
2 Grabegabeln

Steckholz
1. Für Steckholz werden 30 bis 40 cm lange Stengel abgeschnitten.

2. Man entfernt die Blätter der unteren Hälfte und schneidet den Stengel direkt unter einer Knospe durch.

3. Mit dem Handspaten wird neben der Mutterpflanze ein Loch gegraben. Das Loch sollte halb so tief sein wie das Steckholz ist.

4. Damit für eine gute Entwässerung gesorgt ist und das Steckholz nicht fault, kommt eine Handvoll Erde in das Loch.

5. Man setzt das Steckholz hinein, füllt Erde auf und drückt sie an. Erst gießen, wenn die Erde trocken ist. Zu Frühjahrsende beginnt das Steckholz zu wachsen.

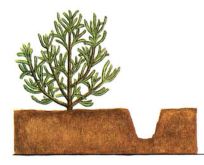

Wurzelteilung
1. Im Frühjahr wird die Pflanze vor Beginn der Wachstumsperiode ausgegraben oder aber im Herbst, wenn sie abgestorben ist.

2. Wenn möglich, teilt man die Pflanze in zwei oder mehr Büschel, indem man sie mit den Händen auseinanderzieht.

3. Geht das nicht, werden zwei Gabeln Rücken an Rücken in die Wurzeln gesteckt und die Griffe auseinandergedrückt. Die neuen Pflanzen werden in den Boden gesetzt.

Kräuter in Töpfen und Kästen

Petersilie, Basilikum, Schnittlauch, Thymian, Rosmarin, Winter-Bohnenkraut und Dreifarbiger Salbei werden in einem Blumenkasten gezogen, der viel Licht bekommt. Kräuter können aber ebensogut im Zimmer in Töpfe gepflanzt werden. Basilikum, Petersilie, Schnittlauch, Majoran und Thymian werden aus Samen gezogen, Minze aus Wurzelstücken und Zitronenpelargonien aus Stecklingen.

Man braucht:
Scherben
Blumenkasten
Kiesel oder kleine Steine
Blumenerde
Gießkanne
Kräuter
Schere
Töpfe mit 10 cm und 13 cm ø

Blumenkasten 1. Über jedes Abzugsloch wird eine Scherbe gelegt, darüber kommt eine dünne Schicht Kiesel oder kleine Steine, die für eine gute Entwässerung sorgt.

2. Der Kasten wird bis 5 cm unter den Rand mit Blumenerde gefüllt und gegossen. Man stellt die Kräuter mit den Töpfen auf die Erde, um eine hübsche Zusammenstellung zu finden.

3. Die Kräuter werden aus ihren Töpfen genommen, nur Torftöpfe kann man mit einsetzen. Folie wird an der Seite aufgeschnitten.

4. Die Kräuter müssen so gepflanzt werden, daß sie genug Platz zum Wachsen haben.

5. Mit einem Handspaten wird um die Pflanzen herum bis 1 cm unter den Topfrand Erde aufgefüllt. Die Wurzeln nicht verletzen, die Erde andrücken und gießen.

Zimmerpflanzen 1. Die Abzugslöcher werden mit Scherben so bedeckt, daß die scharfen Kanten nach unten weisen.

2. Man füllt die Töpfe halb mit Blumenerde. Torftöpfe können mit den Pflanzen zusammen eingesetzt werden.

3. Die Pflanze wird in den Topf gesetzt und dieser bis 2,5 cm unter den Rand mit Erde gefüllt. Man drückt die Erde an und gießt.

Trocknen

Minze, Petersilie, Basilikum, Zitronenmelisse und Estragon behalten ihr volles Aroma, wenn man sie im Sommer trocknet, um sie im Winter zum Kochen zu verwenden. Lorbeer, Rosmarin, Salbei und Thymian können das ganze Jahr über gepflückt werden, aber wer von jedem ein Sträußchen in der Küche aufhängt, hat sie im Winter stets griffbereit.

Man braucht:
Kräuter zum Trocknen
Schere
Tablett
Schnur
Papier
Sieb
Gläser mit Deckeln
Aufkleber
Stift

1. Vor der Blüte werden von Minze, Melisse und Estragon Triebe abgeschnitten. Die verschiedenen Kräuter werden getrennt aufbewahrt.

2. Von Petersilie und Basilikum schneidet man 15 cm lange Zweige, am besten morgens, wenn der Tau gerade getrocknet ist. Die Stengel kommen auf ein Tablett.

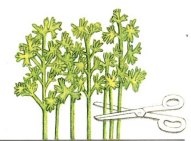

3. An einem schattigen Platz werden die langen Stengel dutzendweise zu Sträußchen gebunden. Man macht eine Schlaufe, die während des Trocknens enger zusammengezogen werden kann.

4. Auch die kurzen Stengel werden zu mehreren so zusammengebunden.

5. Dann hängt man die Sträußchen kopfüber an einen trockenen Platz mit frischer Luft. Wenn die Blätter nach zwei bis drei Wochen brüchig werden, zieht man die Schnur an.

6. Die Sträußchen werden nacheinander abgenommen. Vorsichtig streift man die Blätter ab. Die verschiedenen Kräuter bleiben weiterhin getrennt.

7. Man zerreibt die Blätter zwischen den Händen, so daß die Teilchen auf ein sauberes Papier fallen. Wenn man sie durch ein Sieb drückt, werden sie ganz fein.

8. Die Kräuter werden in saubere Gläser gefüllt und die Deckel fest zugeschraubt. Man klebt Schildchen mit Namen und Datum darauf und bewahrt sie an einem kühlen, dunklen Ort auf.

Lavendelkissen

Lavendel kann getrocknet werden. Die Blütenköpfe werden für eine Duftmischung (s.S. 144) oder für ein gut riechendes Lavendelkissen verwendet. Eine weitere Möglichkeit wäre, getrocknete Lavendelstengel in eine Vase zu stellen. In diesem Fall wird ein hübsches Band um die Stiele gebunden, sobald sie trocken und steif sind.

Man braucht:
Lavendelstengel
Schere
Schnur
Papiertütchen
Papier
Musselin
Nadel und Faden
Band

1. Wenn sich die unteren Blüten öffnen, schneidet man möglichst lange Blütenstengel ab.

2. Jeweils etwa 20 Stengel werden zu Sträußchen zusammengebunden. Man macht eine Schlaufe, die man während des Trocknens zusammenziehen kann.

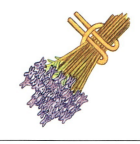

3. Die Blütenköpfe kommen in eine Papiertüte. Dann wird das Sträußchen kopfüber an einen warmen, trockenen Ort gehängt, bis die Stengel trocken und steif sind.

4. Nachdem die Tüte abgenommen wurde, streift man mit Daumen und Zeigefinger die Blüten von den einzelnen Stengeln ab.

5. Man schneidet ein rechteckiges Stück Musselin zurecht.

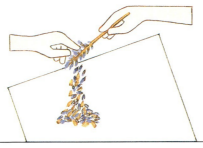
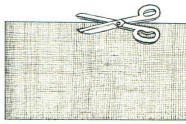

6. Zwei Seiten des gefalteten Stoffes werden in kleinen Stichen mit Nadel und Faden zusammengenäht.

7. Die Musselintasche wird von innen nach außen gedreht und mit getrockneten Lavendelblüten gefüllt.

8. Man schließt die letzte offene Seite und bindet das Band zu einer Schleife. Sie wird auf dem Kissen festgenäht.

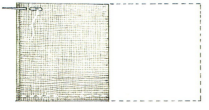

Gewürzsträußchen

Mit kleinen Gewürzsträußchen, die man selbst bastelt, kann man vielen Menschen eine Freude machen. Das Schönste daran ist, daß jeder Strauß anders wird, alle jedoch gut riechen. Mit etwas Übung ist man in dieser Kunst bald ein Meister.

Man braucht:
Kräuter
Schere
Papier
Schnur
Marmeladenglas
Silberfolie
Band

1. Von Kräutern, die gut gewachsen sind, werden kleine Stengel abgeschnitten. Nicht die Form der Pflanze verunstalten!

2. Für jedes Sträußchen braucht man einen Mittelpunkt wie z.B. einige Lavendelstengel, eine Ringelblume, eine Rose oder Rosmarinblüten.

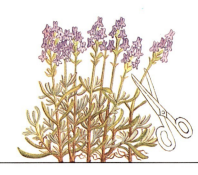

3. Beim Pflücken der Zweige sollte darauf geachtet werden, daß die Grau- und Grünschattierungen möglichst unterschiedlich sind. Die Zweige werden auf ein Papier gelegt.

4. Zum Binden des Straußes setzt man sich am besten. Man beginnt mit der Blume in der Mitte und arrangiert um sie herum Zweige mit kleinen Blättern.

5. Darauf folgen die Zweige mit den größeren Blättern. Die Blätter der Zitronenpelargonie eignen sich sehr gut als äußerer Kranz.

6. Die Stengel werden mit einer Schnur zusammengebunden und ihre Enden gerade abgeschnitten.

7. Man füllt ein sauberes Marmeladenglas mit Wasser und stellt den Gewürzstrauß hinein.

8. Vor dem Verschenken wird eine Silberfolie um die Stengel gewickelt oder ein buntes Band darum gebunden, um die Schnur zu verdecken.

Wohlriechende Kugeln

Früher verwendeten die Menschen Pommander und duftende Kugeln, um sich vor Krankheiten zu schützen oder üble Gerüche zu überdecken. Aus einer Orange und Gewürznelken läßt sich leicht eine Duftkugel basteln, die im Kleiderschrank oder in der Küche aufgehängt werden kann. Oder man verschenkt die Duftkugeln zu Weihnachten an Freunde und Verwandte.

Man braucht:
Große Orange
Stricknadel
Gewürznelken
Zimt und Veilchenwurzelpulver (aus der Apotheke)
Teelöffel
Papier
Silberfolie
Langes Stück Band

1. Mit der Stricknadel werden in gleichmäßigen Abständen rundherum Löcher in die Orangenhaut gestochen.

2. In die Löcher werden Gewürznelken gedrückt.

3. Auf diese Weise spickt man die ganze Orange.

4. Damit der Pommander besser riecht, werden gleiche Teile Zimt und Veilchenwurzelpulver gemischt. Man braucht etwa einen Teelöffel Mischung.

5. Die Mischung wird auf ein sauberes Papier gestreut und die Orange darin hin- und hergerollt. Die Mischung muß in alle Zwischenräume kommen.

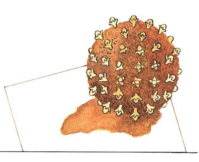

6. Die Orange wird in Silberfolie gewickelt und drei oder vier Wochen an einem kühlen Platz aufbewahrt. Sie schrumpft während des Trocknens.

7. Dann wird die Folie entfernt und ein langes Band ein- oder zweimal so um die Orange gebunden, daß es zwischen den Nelken liegt.

8. Man bindet es fest zusammen und macht eine Schlaufe, damit die Duftkugel aufgehängt werden kann.

Duftmischungen

Hier ist die „feuchte" Methode gezeigt, wie eine Duftmischung hergestellt wird. Nach dieser Methode wird der Duft nach einem Jahr intensiver, anstatt nachzulassen. Die Grundlage einer Duftmischung sind die Blütenblätter von Rosen. Außerdem kann man Lavendelblüten dazugeben, denn auch sie enthalten Öle, durch die die Mischung feucht bleibt.

Man braucht:
Rosen, Lavendelblüten und andere Kräuter
Gartenschere
Tablett
Papier
Alte Tasse und Teelöffel
Salz
500-g-Gläser mit Deckeln
Veilchenwurzelpulver
Schalen
Plastiktüte und Band

1. Im Juni oder Juli werden Rosen geschnitten, die geöffnet sind, aber noch nicht welken. Auf die Dornen achten!

2. Im Haus zupft man die Blütenblätter vorsichtig ab und legt sie auf ein Papier. Blätter, auf denen Insekten sitzen, wirft man weg.

3. Die Blätter werden auf ein Tablett gelegt. Sie sollten warm und in frischer Luft, jedoch nicht zu trocken liegen. Wenn sie sich ledrig anfühlen, werden sie noch einen Tag getrocknet.

4. Mit einer Tasse mißt man die Blätter ab. Auf zwei Tassen Blätter kommt eine Tasse Salz. Beides wird gemischt. Durch das Salz werden die Blätter nicht brüchig.

5. Die Mischung kommt in ein sauberes Glas, das zugeschraubt wird.

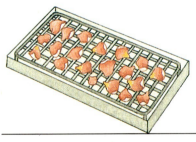

6. Zwei Wochen lang schüttelt man das Glas jeden zweiten Tag vorsichtig.

7. Dann gibt man etwas Veilchenwurzelpulver hinein. Es hilft, den Duft zu bewahren. Auf 16 Teile Blätter kommt ein Teil Veilchenwurzelpulver.

8. Während der nächsten zwei Wochen wird der Rest der Duftmischung fertiggestellt. Man schneidet von Kräutern mit duftenden Blättern Zweige ab und bringt sie ins Haus.

Altmodische Rosen wie Essig- und Apfelrosen eignen sich am besten für eine Duftmischung, weil sie nach dem Trocknen ihren Duft behalten. Moderne Teerosensorten und Floribundas verlieren dagegen ihren Duft. Deshalb muß man genau auf die Sorte achten. Rosen können auch im Kräutergarten angepflanzt werden.

9. Die Blätter werden abgestreift und auf ein Tablett gelegt. Man bewahrt die Sorten getrennt auf und läßt sie drei bis vier Tage trocknen.

10. Jede Sorte wird in ein 500-g-Glas gefüllt. Auf ein volles Glas gibt man einen Teelöffel Salz und schraubt den Deckel fest zu.

11. Damit sich Salz und Blätter mischen, werden die Gläser kräftig geschüttelt. Dann stellt man sie beiseite.

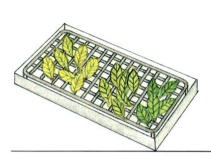

12. Lavendelblüten werden gepflückt und getrocknet (s.S. 141).

13. Anschließend mischt man die Lavendelblüten in Schalen mit den Rosenblättern. In jede Schale kommen zusätzlich noch ein paar Hände voll anderer duftender Blüten.

14. Man füllt die Mischung in Gläser, schraubt diese zu und läßt sie sechs Wochen stehen. Von Zeit zu Zeit wird die Mischung mit einem Löffel umgerührt.

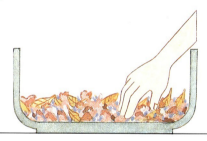

15. Falls sie sich dabei trocken anfühlt, gibt man noch etwas Salz hinzu.

16. Die Duftmischung wird in hübsche Gläser oder Plastiktüten gefüllt und diese mit Bändern verschlossen. Dann kann man sie verschenken.

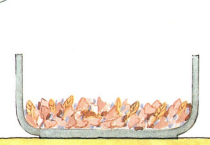

Kräutertee zubereiten

Für Kräutertee eignen sich die Blätter von Minze, Majoran, Thymian, Rosmarin, Salbei, Zitronenmelisse, Petersilie oder Virginischer Melisse oder die Blüten von Virginischer Melisse und Hundskamille. Auch Früchte oder im Herbst gepflückte Hagebutten können verwendet werden. Aus anderen Blüten und Blättern sollte man keinen Tee kochen. Für einen halben Liter Wasser nimmt man eine Handvoll frischer Blätter oder zwei Teelöffel getrockneter Blätter oder Blüten.

Man braucht:
Blätter oder Blüten
Scharfes Messer
Wasserkessel
Teekanne
Teetassen
Teelöffel
Honig, Zucker oder Zitrone
Teesieb
Sauberes Glas

1. Die Kräuter werden gepflückt und in kleine Stücke gehackt.

2. Im Wasserkessel bringt man mindestens einen halben Liter Wasser zum Kochen.

3. Bis das Wasser kocht, wird die Teekanne angewärmt. Dann gibt man eine Handvoll gehackter Kräuter hinein.

4. Das kochende Wasser wird in die Teekanne gegossen.

5. Man setzt den Deckel darauf und läßt den Tee fünf Minuten ziehen, damit sich das Aroma voll entwickelt und in der Kanne bleibt.

6. Der Tee wird in die Tassen gegossen. Honig, Zucker oder ein paar Tropfen Zitronensaft dazugeben.

7. Wenn Tee übrigbleibt, wird er durch ein Sieb in ein sauberes Glas geschüttet und später wieder aufgewärmt.

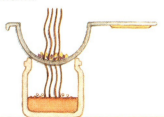

Hagebuttentee wird kalt getrunken. Am besten eignen sich für diesen Tee die Hagebutten der Apfelrose. Wer niemanden kennt, der diese Sorte in seinem Garten hat, sollte sie in seinem Kräuterbeet anpflanzen. Auf jeden Fall müssen die Hagebutten im Herbst gesammelt werden, bevor die Vögel sie fressen!

Man braucht:
Scharfe Schere
Hagebutten
Tablett
Sauberes Glas oder Flasche
Emaillierten Stieltopf
Teesieb
Teetasse
Teelöffel
Honig
Schale

1. Im Herbst werden die Hagebutten der Apfelrose gepflückt.

2. Man entfernt die kleinen Bärte, schneidet die Stengel ab und wäscht die Hagebutten.

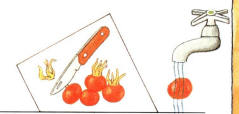

3. In einem emaillierten Stieltopf werden die Hagebutten mit Wasser bedeckt.

4. Auf dem Herd wird der Inhalt des Topfes zum Kochen gebracht und für etwa 15 Minuten geköchelt.

5. Der Topf wird von der Kochstelle genommen und die Flüssigkeit abgekühlt.

6. Sie wird durch ein Teesieb in die Tassen gegossen.

7. Zum Süßen nimmt man einen Teelöffel Honig.

8. Wenn etwas Tee übrigbleibt, kann man ihn durch ein Sieb in ein sauberes Glas oder eine Flasche gießen und später trinken.

9. Hagebutten können auch zum späteren Gebrauch an einem warmen, dunklen Ort getrocknet werden.

10. Anschließend werden sie in ein sauberes Glas gefüllt. Der Deckel wird fest zugeschraubt.

11. Einen Tag, bevor man sie braucht, werden sie in einer Schüssel mit Wasser eingeweicht.

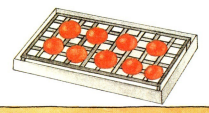

Übersicht der Kräuter

Namen	Höhe	Vermehrung	Licht
Anis W Ej	30–60 cm	S drinnen o. draußen	Sonne
Ampfer W Mj	20–40 cm	S drinnen o. draußen; Wt	Sonne o. Schatten
Basilikum Bed. W Ej	30–40 cm	S drinnen o. draußen	Sonne
Bohnenkraut, Sommer W Ej	30 cm	S drinnen o. draußen	Sonne o. Schatten
Bohnenkraut, Winter I Mj	30 cm	S drinnen o. draußen; St	Sonne o. Schatten
Borretsch Ej u. Zj	50 cm–1 m	S drinnen o. draußen	Sonne
Dill Bed. W Ej	40–60 cm	S drinnen o. draußen	Sonne
Eberraute W S	30–60 cm	St; Sh	Sonne o. Schatten
Engelwurz W Zj	1,5 m	S draußen	Sonne o. Schatten
Estragon W Mj	40–60 cm	Wt	Sonne
Färberwaid W Zj	1 m	S drinnen o. draußen	Sonne o. Schatten
Fenchel W Mj	1 m	S draußen	Sonne o. Schatten
Gartenkresse W Ej	5–10 cm	S drinnen	s.S.
Gartenraute W S	40–60 cm	S drinnen o. draußen; Sh	Sonne o. Schatten
Guter Heinrich W Mj	30–40 cm	S drinnen o. draußen; Wt	Sonne o. Schatten
Heiligenkraut W S	30–60 cm	St	Sonne
Hundskamille I Mj	10–30 cm	S; Wt	Sonne
Knoblauch W Mj	30–40 cm	S drinnen o. draußen; Zw	Sonne
Kümmel W Zj	30–40 cm	S drinnen o. draußen	Sonne
Lavendel W S	35–60 cm	S drinnen o. draußen; Sh	Sonne
Lorbeer S	bis zu 3 m	Sh	Sonne
Majoran W Mj	30–40 cm	S drinnen o. draußen; Wt	Sonne
Minze W Mj	50–70 cm	S drinnen o. draußen; Wt	Sonne o. Schatten
Pelargonie Bed. W S	50 cm–1 m	St	Sonne
Petersilie W Zj angebaut W Ej	30–45 cm	S drinnen o. draußen	Sonne ohne Schatten
Ringelblume W Ej	30–40 cm	S drinnen o. draußen	Sonne
Rosmarin W S	60 cm–1 m	S drinnen o. draußen; St; Sh	Sonne o. Schatten
Salbei, dreifarbig W S	40 cm	St	Sonne o. Schatten
Salbei, graublättrig W S	70 cm	S drinnen o. draußen; St	Sonne o. Schatten
Salbei, violett W S	70 cm	S drinnen o. draußen; St	Sonne o. Schatten
Schnittlauch W Mj	15–30 cm	S; Wt	Sonne
Spanischer Kerbel W Mj	70–90 cm	S drinnen o. draußen	Halbschatten
Thymian I Mj	10–40 cm	Wt; St	Sonne
Virginische Melisse W Mj	70 cm–1 m	Wt	Sonne
Ysop W S	50–60 cm	S drinnen o. draußen; St	Sonne
Zitronenmelisse W Mj	40–60 cm	Wt	Sonne
Zitronenstrauch Bed. W S	1–2 m	St	Sonne
Zwiebel W Mj	50–60 cm	Zw	Sonne

Abkürzungen

W Ej – Winterhart einjährig
Bed.W Ej – Bedingt winterhart einjährig
W Zj – Winterhart zweijährig
W Mj – Winterhart mehrjährig
I Mj – Immergrün mehrjährig
Bed.W S – Bedingt winterharter Strauch
S – Samen

S drinnen o. draußen – Samen können im Haus in Schalen oder draußen in den Boden gesät werden
St – Steckling
Sh – Steckholz
Wt – Wurzelteilung
ZW – Zwiebeln

Wachsen in Behältern	Ernte	Verwendung	Pflanzenteil
nein	Herbst	zum Kochen	Samen
nein	Sommer	zum Kochen	Blätter
ja	Sommer–Herbst	zum Kochen	Blätter
ja	Sommer	Duftstoff; zum Kochen	Blätter; Blüten
ja	Herbst–Winter	Duftstoff; zum Kochen	Blätter; Blüten
nein	Sommer	zum Kochen	Blüten; Blätter
nein	Sommer–Herbst	zum Kochen	Blätter; Samen
ja	Sommer	Duftstoff	Blätter
nein	Sommer–Herbst	zum Kochen	Stengel
ja	Sommer	zum Kochen	Blätter
nein	Sommer	zum Trocknen	Blätter
nein	Sommer–Herbst	zum Kochen	Blätter
ja	das ganze Jahr	zum Kochen	Blätter
ja	Frühling–Herbst	Duftstoff	Blätter
nein	Frühling–Sommer	zum Kochen	Blätter; junge Triebe
nein	Sommer	Duftstoff	Blätter
ja	das ganze Jahr	Tee; Duftstoff	Blüten; Blätter
ja	das ganze Jahr	zum Kochen	Zwiebeln
ja	Herbst	zum Kochen	Samen
ja	Sommer–Herbst	Duftstoff	Blätter; Blüten
ja	das ganze Jahr	zum Kochen	Blätter
ja	Frühling–Herbst	zum Kochen	Blätter
ja	Frühling–Herbst	zum Kochen	Blätter
ja	das ganze Jahr	zum Kochen	Blätter
ja	Frühling–Herbst	zum Kochen	Blätter
ja	Sommer–Herbst	Duftstoff; zum Kochen	Blüten
ja	das ganze Jahr	Duftstoff; zum Kochen	Blätter; Blüten
ja	das ganze Jahr	Duftstoff	Blätter
ja	das ganze Jahr	Duftstoff; zum Kochen	Blätter
ja	das ganze Jahr	Duftstoff; zum Kochen	Blätter
ja	das ganze Jahr	zum Kochen	Blätter
nein	Sommer	Duftstoff; zum Kochen	Blätter; Samen
ja	das ganze Jahr	zum Kochen	Blätter
nein	kurz vor der Blüte	Tee; Duftstoff	Blüten; Blätter
ja	Frühling–Herbst	zum Kochen	Blätter
nein	Frühling–Herbst	Tee; Duftstoff	Blätter
ja	Frühling–Herbst	Duftstoff; zum Kochen	Blätter
nein	Sommer	zum Kochen	obere Zwiebel

Nützliche Hinweise

Alle Pflanzen brauchen bestimmte Mengen an Wärme, Luftfeuchtigkeit, Wasser, Nahrung und frischer Luft. Dämpfe von Gas oder Kohlenfeuer können sie schädigen. Gute Erde, die es in Gartencentern in Beuteln abgepackt zu kaufen gibt, ist für gesunde Pflanzen besonders wichtig. Nie gewöhnliche Erde aus dem Garten verwenden!

Einige Pflanzen gedeihen am besten im Warmen, während andere es lieber kühl mögen. Keine Pflanze verträgt einen zu großen Temperaturunterschied zwischen Tag und Nacht. Falls Pflanzen in einem Zimmer mit Zentralheizung stehen, kann die Luft sehr trocken sein. Es gibt dann zwei Möglichkeiten, mehr Luftfeuchtigkeit zu erzeugen.

Der Blumentopf wird in einen größeren Behälter gestellt und der Zwischenraum mit Torf gefüllt. Der Torf muß gewässert und feuchtgehalten werden.

Oder die Pflanze wird im Topf auf einen Untersetzer mit kleinen Kieseln gesetzt und Wasser auf die Kiesel gegossen. Es darf nicht bis an den Topf reichen.

In kalten Winternächten dürfen Pflanzen nicht vor einem kalten Fenster stehen, sofern es nicht eine Doppelverglasung hat oder ein schwerer Vorhang zwischen Pflanzen und Fenster ist. Pflanzen dürfen über Nacht auch nicht zwischen einem Fenster und einem Vorhang bleiben oder über eine Heizung gestellt werden. Sie stehen im zweiten Fall zu warm und zu trocken.

Alle Pflanzen, mit Ausnahme der blühenden Zimmerpflanzen, sind im Sommer gern draußen, wenn die Sonne nicht zu stark ist.

Es gibt Dünger, den man nach dem Gießen verteilt oder flüssigen Dünger, der ins Gießwasser kommt. Die Gebrauchsanweisung lesen!

Da Pflanzen durch ihre Blätter atmen, müssen diese sauber sein. Man wischt beide Seiten mit einem feuchten Tuch ab.

Kleine Blätter werden einmal im Monat mit Wasser besprüht, vor allem in der Wachstumsperiode.

Kleine haarige Blätter werden mit einem Malpinsel saubergemacht. Diese Blätter sollten nicht naß werden.

Leitungswasser ist gut, aber Regenwasser ist besser. Bei kurzen Sommerschauern können Zimmerpflanzen nach draußen gestellt werden. Jedoch nicht zuviel Wasser geben! Das ist der Hauptgrund, weswegen so viele Pflanzen eingehen. Es ist besser, einmal wöchentlich gut zu gießen, als jeden Tag nur wenig.

Wer verreist, stellt die Pflanzen um einen Eimer mit Wasser, bindet an das eine Ende eines langen Dochtes (Wollfaden) einen Stein und hängt diesen in den Eimer. Das andere Ende wird in einen der Töpfe gedrückt. Man nimmt für jede Pflanze einen Docht.

Wenn die Oberfläche der Erde trocken aussieht, muß man durch Fühlen feststellen, ob die Erde darunter ebenfalls trocken ist. Wenn sich im Sommer Blüten und Blätter entwickeln, muß mehr gegossen werden.

Das Wasser sollte nicht zu kalt und nicht zu warm sein. Daran denken, daß manche Pflanzen von oben und andere von unten gegossen werden müssen!

Man braucht:
Großen, hübschen Behälter
Ziegelstein
Gießkanne mit langer Tülle
Große Schüssel
Torf aus dem Gartencenter
Eimer mit Wasser

Der Ziegel wird in den Behälter gelegt, und die Pflanzen werden im Topf daraufgesetzt. Gießen! Überschüssiges Wasser wird erst vom Ziegel und dann von der Luft aufgenommen.

Man füllt um die Töpfe Torf in den Behälter. Dadurch bleiben die Pflanzen feucht und müssen nicht so oft gegossen werden. Auf diese Weise lassen sich auch angeschlagene Blumentöpfe verstecken.

Wenn Pflanzen mit weichen, haarigen Blättern gegossen werden müssen, nimmt man dazu eine Gießkanne mit einer langen Tülle. Diese wird unter die Blätter geschoben. Die Blätter dürfen nicht naß werden.

Bei Pflanzen, deren Blüten oder Blätter durch Wasser geschädigt werden könnten, wird das Wasser in einen Untersetzer gegossen. Die Erde saugt das Wasser, das sie braucht, auf.

Nach einer halben Stunde wird das restliche Wasser weggeschüttet, damit die Wurzeln nicht verfaulen. Zu viel Wasser drückt auch die Luft aus der Erde, die die Wurzeln brauchen.

Wenn eine Pflanze sehr trocken ist, und die Erde die Topfwandung nicht mehr berührt, stellt man den Topf in einen Eimer. Es wird so viel Wasser hineingegossen, das der Topf vollständig bedeckt ist.

Dann steigen Luftblasen aus dem Wasser auf, weil dieses die Luft aus der Erde drückt.

Sobald keine neuen Blasen mehr kommen, wird der Topf herausgenommen und in ein Waschbeckengestellt, damit überschüssiges Wasser abfließen kann. Dabei dringt auch wieder Luft in die Erde.

Wenn einjährige Pflanzen nach der Blüte verwelkt sind, gräbt man sie aus und wirft sie weg, denn sie blühen nur einmal. Zweijährige Pflanzen entwickeln im ersten Jahr Blätter und im zweiten Jahr erst Blüten. Im Freien kann man im Winter ein paar immergrüne Zweige um sie legen, um sie vor der Kälte zu schützen. Wenn sie absterben, werden sie ausgegraben und weggeworfen. Mehrjährige Pflanzen brauchen mitunter zwei Jahre, bis sie zur Blüte kommen, aber dann blühen sie jedes Jahr wieder. Verwelkte Stengel werden abgeschnitten. Im Freien bleiben die Wurzeln über Winter im Boden und treiben im Frühjahr neu aus. Man kann eine Schicht abgestorbener Pflanzen auf die Erde legen, um die Wurzeln im Winter zu schützen.

Zwiebeln und Knollen

Präparierte Zwiebeln und Knollen können nur einmal getrieben werden. Wenn Stengel und Laub abgestorben sind, pflanzt man die Zwiebeln in einen Garten. Sobald die Pflanzen also in den Kästen verwelken, werden die Blüten abgeschnitten. Die Blätter müssen erst absterben. Dann werden die Zwiebeln oder Knollen in den Garten gepflanzt oder aber die abgestorbenen Wurzeln und Zwiebelteile entfernt und die Zwiebeln an einem kühlen, trockenen Platz aufbewahrt, bis sie im nächsten Jahr wieder in einen Kasten gepflanzt werden können.

Sämlinge ausdünnen

Wenn die Sämlinge zwei echte Blätter ausgebildet haben, werden sie ausgedünnt, indem man zwei Finger einer Hand um den Sämling legt und die Erde andrückt. Mit der anderen Hand zieht man ihn heraus und wirft ihn weg. Nach dem Gießen kann man die Sämlinge am leichtesten herausziehen. Auf den Samentütchen steht im allgemeinen, wieviel Abstand zwischen den Sämlingen sein muß. Beim Ausdünnen immer die schwächlichen Sämlinge nehmen!

Samen

Um Samen zu erhalten, darf man die verwelkenden Blüten nicht abschneiden. Die Blüten entwickeln Samen, die reifen und auf den Boden fallen. Dann wachsen um die Mutterpflanze herum neue Sämlinge. Die reifen Samen können auch gesammelt und ausgesät werden.

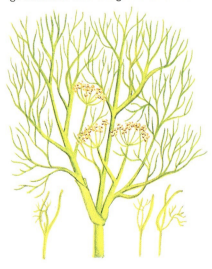

Beschnitt

Strauchige Pflanzen – in diesem Buch betrifft das vor allem die Kräuter – können mit einer Schere oder Gartenschere zurechtgestutzt werden. Man entfernt Triebe, die ein Jahr oder jünger sind. Dann wachsen neue Triebe nach und bilden einen ordentlichen, dichten Busch. Wenn man älteres Holz abschneidet, wachsen möglicherweise keine neuen Triebe mehr nach. Bei Sträuchern erfolgt der Beschnitt immer im Frühjahr.
Im Herbst werden die Mehrjährigen, Minze, Zitronenmelisse, Estragon, Virginische Melisse, Majoran, Fenchel, Sauerampfer, Liebstöckel, Spanischer Kerbel und Schnittlauch direkt über dem Boden abgeschnitten.
Salbei, Winter-Bohnenkraut, Lorbeer, Ysop, Lavendel, Rosen, Heiligenkraut, Gartenraute, Rosmarin, Thymian und Eberraute beschneidet man im Frühjahr.

Verwelkte Blüten

Abgestorbene oder verwelkte Blüten von Einjährigen, Zweijährigen und Mehrjährigen werden während der Wachstumsperiode abgeschnitten oder ausgezwickt. Dann entwickeln die Pflanzen immer wieder neue Blüten.

Pikieren

Sämlinge werden pikiert, wenn sie zwei Paare echter Blätter haben, damit die Wurzeln Platz zum Wachsen bekommen. Die Sämlinge werden mit der einen Hand an den Keimblättern gehalten und mit der anderen mit Hilfe eines Pikierholzes herausgehoben. In einer neuen Schale werden sie im Abstand von 5 cm eingepflanzt. Die Wurzeln müssen sich ausbreiten können. Die Erde wird um die Pflänzchen herum angedrückt.

Düngen und Stützen

Zum Düngen der Pflanzen nimmt man am besten Flüssigdünger. Die Gebrauchsanweisung auf der Flasche befolgen! Pflanzen werden nie gedüngt, wenn sie krank oder neu gepflanzt oder gerade verblüht sind. Um Pflanzen zu stützen, steckt man dicht bei den Stengeln Bambusstäbe oder Stöcke in die Erde. Jeder Stengel braucht eine eigene Stütze. Pflanze und Stütze werden mit Gartenschnur locker so zusammengebunden, daß der Knoten am Stab sitzt.

Komposthaufen

Ein Komposthaufen wird hergestellt, indem Küchenabfälle wie Gemüsereste, Obstschalen, Teebeutel und Gartenabfälle sowie Unkraut, Blätter und Rasenschnitt in einer Tonne verrotten. Entweder kauft man so eine Tonne, oder man baut ein Silo. Dazu werden vier 1,20 m lange Pfähle im Abstand von 50 cm in den Boden getrieben, so daß ein Quadrat entsteht. An die Pflöcke werden alte Holzleisten genagelt. Anstelle von alten Latten kann man auch Maschendraht verwenden. Die Garten- und Küchenabfälle kommen in den Silo. Es können sogar kleine Mengen zerrissenes und eingeweichtes Zeitungspapier verwendet werden. Das Material wird in Lagen in dem Silo aufgeschichtet.
Im Gartencenter kauft man einen speziellen Kompostaktivierer, mit dessen Hilfe sich das Abfallmaterial zersetzt. Die Gebrauchsanweisung befolgen!
Das Abfallmaterial erhitzt und zersetzt sich. Im Sommer dauert das drei bis vier Monate, im Winter länger. Wenn der Kompost fertig ist, kann er mit Torf gemischt und in die Pflanzenbehälter gefüllt werden, oder man verteilt ihn auf dem Kräuterbeet!

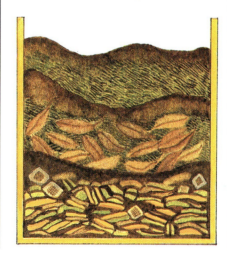

Tips für gesunde Pflanzen:

1. Die Pflanzlöcher müssen so groß sein, daß die Wurzeln ausreichend Platz haben.
2. Bevor man die Pflanzen einsetzt, wird Wasser in die Löcher gegossen.
3. Es muß darauf geachtet werden, daß die Pflanzen fest sitzen. Man zieht leicht an ihnen – wenn sie herauskommen, müssen sie noch einmal fest angedrückt werden.
4. Die Pflanzen regelmäßig gießen und nach Krankheiten schauen.
5. Die meisten Pflanzen mögen einen gut drainierten Boden. In diesem fließt das Wasser leicht ab, so daß die Wurzeln nicht so leicht faulen. Lehmiger Boden hat im Freien eine schlechte Drainage, guter Sandboden hingegen eine gute Entwässerung.
6. Um das Wachstum von Pflanzen zu beschleunigen, setzt man Gläser oder einen anderen Schutz darüber. So werden sie vor allem im Freien warmgehalten.

Schädlinge und Krankheiten

Wenn man Pflanzen immer richtig gießt, düngt, verwelkte Blüten und Stengel entfernt, Unkraut jätet und ihnen das richtige Licht, die richtige Luftfeuchtigkeit und die richtige Temperatur gibt, haben Schädlinge und Krankheiten kaum eine Chance. Marienkäfer töten im übrigen auch einige Schadinsekten.

Aber manchmal werden Pflanzen eben doch befallen. Deshalb sollte stets auf Blätter und Triebe geachtet werden, die sich verfärbt oder verformt haben oder Löcher aufweisen, sowie auf verfaulende Zwiebeln und verfärbte Früchte. Alle diese Symptome können mit chemischen Mitteln aus dem Gartencenter behandelt werden. Es gibt eine Reihe von Markenartikeln für die verschiedenen Krankheiten und Schädlinge, deshalb muß man aufpassen, daß man das richtige Mittel kauft. Pflanzen werden im Abstand von 30 cm gespritzt, man sollte dabei aber sehr gewissenhaft vorgehen, denn die Mittel enthalten giftige Stoffe. Der Raum, in dem gespritzt wird, sollte gut gelüftet sein, und im Sommer werden die Pflanzen zum Besprühen besser ins Freie gestellt. Dort aber niemals an windigen Tagen spritzen.

Anschließend wäscht man sich die Hände sofort gründlich. Da die Mittel auch für Haustiere schädlich sein können, müssen sie von diesen ferngehalten werden.

Wenn eine Pflanze krank aussieht, stellt man sie einzeln, bis sie sich erholt hat, denn Schädlinge oder Krankheiten können auch auf die anderen Pflanzen übergreifen. Kräuter werden selten befallen, sie scheinen im Gegenteil sogar Schädlinge und Krankheiten fernzuhalten.

Rote Spinne Vor allem im Sommer erscheinen an den Blättern braune Punkte. Die winzigen Insekten sieht man jedoch nicht.

Schildläuse Hier wird nach flachen oder gewölbten Schuppen an Blättern und Stengeln geschaut. Diese werden mit Methylalkohol bestrichen.

Raupen, Schnecken, Würmer Sie befallen häufig Pflanzen im Freien und fressen Löcher in die Blätter.

Raupen und Schnecken sollten abgesammelt werden, bevor es zu viele sind.

Wanzen Diese grünen oder braunen Insekten fressen Löcher in die Blätter.

Grauschimmel Auf der verfaulenden Frucht entsteht ein weicher, grauer Schimmel.

Wurzelgallälchen Sie verursachen Verfärbungen und verlangsamtes Wachstum. Man nimmt die Pflanze aus dem Topf und schaut nach Verdickungen an den Wurzeln. Diese werden mit einem sauberen, scharfen Messer herausgeschnitten. Nach einer Woche wird die Pflanze in seinen sauberen Topf mit frischer Erde gesetzt.

Woll- oder Schmierläuse Auf Blättern und Stengeln bildet sich weiße „Wolle". Methylalkohol einsetzen beziehungsweise stark befallene Pflanzen wegwerfen!

Weiße Fliege Die Blätter werden gelb. Das Insekt legt Eier an die Blattunterseiten. Gegen Fliegen und Eier wird ein Pflanzenspray verwendet.

Blattläuse Man sucht an Trieben und unter den Blättern nach den weitverbreiteten winzigen Insekten. Die Blätter können sich rollen oder verformen.

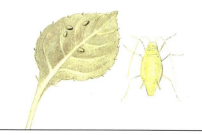

Weichhautmilben Bei Alpenveilchen, Usambaraveilchen und Geranien auf sich einrollende Blätter und faulende Triebspitzen und Knospen achten. Befallene Pflanzen wegwerfen.

Pilzerkrankungen Auf den Blättern zeigen sich Flecken. Befallene Blätter werden abgeschnitten und weggeworfen. Anschließend spritzen!

Viruserkrankungen Auf den Blättern sind hellgrüne Flecken zu sehen. Solche Krankheiten kann man nicht heilen. Pflanze muß weggeworfen werden.

Wenn Pflanzen krank aussehen, bekommen sie möglicherweise zu viel oder zu wenig Wasser, Licht, Luftfeuchtigkeit, Wärme oder Nährstoffe

Zu viel
Wasser Die Blätter werden gelb, fallen ab, verfaulen oder verwelken, wenn die Erde zu feucht ist.
Knospen fallen ab.
Stengel verfaulen.
Vor allem bei Kakteen muß auf schwarze Stellen an den Pflanzen geachtet werden. Sie werden zusammen mit dem dahinterliegenden Fleisch mit Hilfe eines sauberen Löffels weggekratzt, oder der obere gesunde Teil der Pflanze wird mit einem scharfen Messer weggeschnitten und eine neue Pflanze daraus gezogen.

Luftfeuchtigkeit Auf den Blättern erscheint ein gräulicher Schimmel. Es entwickeln sich Pilze oder Viren (siehe oben).
Licht Die Blätter bekommen braune Ränder.
Dünger Neue Stengel oder Triebe wachsen schwächlich.
Wärme Die Blätter verwelken und werden an den Rändern braun.

Zu wenig
Wasser Die Blätter verwelken, fallen ab oder wachsen nur klein und dunkel. Das gesamte Wachstum verlangsamt sich.
Knospen fallen ab.
Blüten fallen ab.
Stengel sinken um.
Bei Kakteen zeigen sich am Pflanzenkörper braune Ringe.

Luftfeuchtigkeit
Die Blätter verwelken.
Stengel sinken um.
Licht Die Blätter verformen sich und recken sich nach dem Licht, grüne Blätter werden gelb, und gescheckte Blätter verlieren ihre Flecken.
Neue Stengel und Triebe wachsen schwächlich.
Wärme Die Blätter bekommen braune Ränder.
Dünger Die Blätter wachsen nur langsam und sind klein. Die Blüten sind klein und von fahler Farbe. Stengel und Triebe wachsen langsam.

Register

Aasblumen s. Stapelia
Abhärten 6, 134
Abkürzungen 8, 9, 10
Ableger 10
Abmoosen 69
Achimenes longiflora s. Schiefteller
Adiantum raddianum (*A. cuneatum*) s. Frauenhaarfarn
Aechmea fascinata (*Billbergia rhodacyanea*) s. Lanzenrosette
Agave 108, *108*
A. victoriae-reginae 108, *108*
Ageratum s. Leberbalsam
Allium cepa s. Zwiebel
Allium sativum s. Knoblauch
Allium schoenoprasum s. Schnittlauch
Allysum s. Steinkraut
Aloe 52, *53*, 80-81, 84, 109, *109*
A. humilis 109
A. variegata s. Tiger-Aloe
Alpenveilchen *Cyclamen persicum* 54, *54*, 80-81
Alte Dame *Mammillaria hahniana* 99
Amaryllis *Hippeastrum* 56, *56*, 80-81
Ananas *Ananas comosus* 57, *57*, 79
Anethum graveolens s. Dill
Angelica archangelica s. Engelwurz
Anis *Pimpinella anisum* 126, *126,* 148-49
Anthemis nobilis s. Hundskamille
Antirrhinum s. Löwenmäulchen
Apfelminze s. Minze
Apfelsine *Citrus* s. Orangenkerne
Aporocactus flagelliformis s. Peitschenkaktus
Areolen 10
Art 6
Artemisia 126, *126,* 138, 140, 148-49
A. abrotanum s. Eberraute
A. dracunculus s. Estragon
Asparagus setaceous (*A. plumosus*) s. Zierspargel

Aspidistra elatior s. Schusterpalme
Astrophytum 97, *97*
A. asterias s. Seeigelkaktus
A. mynostigina s. Bischofsmütze
A. ornatum s. Sternkaktus
Aubretia s. Blaukissen
Ausdünnen 132, 152
Auspflanzen 133, 135
Aussaat 24, 64, 110, 132, 134
Avocado *Persea* 28

Basilikum *Ocymum basilikum* 122, *122,* 123, *123,* 124, *124,* 139, 140, 148-49
Baum erziehen 72
Begonia rex s. Rexbegonie
Begonia semperflorens s. Semperflorens-Begonie
Begonie s. Semperflorens-Begonie
Beleperone guttata s. Spornbüchsen
Bellis s. Maßliebchen
Beschnitt 152
Besprühen 7, 85
Beta s. Rote Bete
Bewurzelungsmittel 29, 136
Billbergia nutans s. Zimmerhafer
Birkenfeige *Ficus benjamina* 54, *54*, 80-81
Bischofsmütze *Astrophytum myriostigma* 97
Blätter 8, 9
Blattkakteen s. Epiphyllum-Hybriden
Blattläuse 155
Blattstecklinge 70, 78, 114
Blaukissen *Aubretia* 15
Blühende Steine *Conophytum* 102, *102*

Blüten 7, 9, 152
Blumenbehälter 16, 17, 21, 30-35, 42, 43, 84, 85, 120-123
Blumenerde 6, 84, 134, 136
Blumenkasten basteln 30-31
Blumenkasten bepflanzen 25
Blumenzwiebeln 10, 26, 27, 45, 56, 57, 65, 152
Bodentriebe 10
Bodenvorbereitung 132, 133
Bohne *Phaseolus* 18
Bohnenkraut *Saturia*
  Sommerbohnenkraut *S.hortensis* 124, *124,* 148-49
  Winterbohnenkraut *S. montana* 139, 148-49
Borago officinalis s. Borretsch
Borretsch *Borago officinalis* 125, *125,* 148-49
Bromelien 58, *59*, 62, *62,*
Brutzwiebeln 8
Buckelkakteen s. *Notocactus*
Buntnessel *Coleus blumei* 60, *61*, 67, 72, 80-81

Calendula officinalis s. Ringelblume
Carum carvi s. Kümmel
Cephalocereus senilis s. Greisenhaupt
Cereus jamacaru monstrosa 89, *89,*
Ceropegia woodii s. Leuchterblume
Chamaecereus silvestrii s. Zwergsäulenkaktus
Cheiranthus s. Goldlack
Chenopodium bonus henricus s. Guter Heinrich
Chionodoxa s. Schneestolz
Chlorophytum elatum „Variegatum" s. Grünlilie
Christusdorn *Euphorbia milii var. splendens var. „Bojeri"* 105, *105*
Chrysantheme *Chrysanthemum* 50, 54, *55*, 80-81
Cissus autarctica s. Kängeruhklimme
Citrus s. Orangenkerne
Coleus blumei s. Buntnessel
Conophytum proximum s. Blühende Steine

Convolvulus s. Winde
Crassula 107, *107,* 109, *109,* 114
C. argentea s. Geldbaum
C. pyramidalis 107
Cristataform 11
Crocus s. Krokus
Cyclamen persicum s. Alpenveilchen

Dattelpalme *Phoenix dactylifera* 59, *59,* 80-81
Daucus carota s. Möhre
Desinfektionsmittel 47, 79
Dill *Anethum graveolens* 129, *129,* 148-49
Drehfrucht *Streptocarpus x hybridus* 62, *62,* 80-81
Dreimasterblume *Tradescantia fluminensis* 52, *53,* 80-81
Düngen 6, 85, 153
Duftmischung 120, 144-45

Eberraute *Artemisia abrotatum* 128, *128-29,* 138, 148-49
Echeveria 52, *53,* 80, 81, 84, *102,* 103, *103,* 106, *106,* 114
E. derenbergii 102
E. gibbiflora „carunculata" 52, *53,* 80-81, *103*
E. pulvinata 106, *106*
Echinocactus 89, *89,* 95, 97
E. grunsonii s. Goldkugelkaktus
Echinocereus 91, *91*
E. blanckii 91
E. knippelianus 91
E. pectinatus 91
Echinopsis 93, *93,* 113
E. x „Green Gold" 93
E. rhodotricha 93
Efeu *Hedera* 16, *16,* 21, *21,* 29
s. a. Topfefeu
Efeupelargonie *Pelargonium peltatum* 17, *17,* 29, 38, 50, 60, *61,* 80-81
Einjährige Pflanzen 8, 12, 16-22, 40, 41, 120, 122-126, 129
Eintopfen 66
Engelwurz *Angelica archangelica* 129, *129,* 148-49
Epiphyllum Hybriden 101, *101*
E. x. ackermanii 101
E. x. niobe 101

Erbse 18
Erdnuß 28
Erdsproß 10
Estragon *Artemisia dracunculus* 127, *127,* 138, 140, 148-49
Euphorbia 104, *104,* 105, *105*
E. lactea 105
E. milii var. splendens var. „Bojeri" s. Christusdorn
E. obesa s. Kugel-Wolfsmilch

Färberwaid *Isatis tinctoria* 125, *125,* 148-49
Fasertorf 26, 27, 65
Faucaria 84, 102, *102*
F. tigrina s. Tigerrachen
Feigenkakteen s. Opuntia
Fenchel *Foeniculum vulgare* 125, *125,* 148-49
Fenster 14, 16-18, 22, 50-58, 60-63, 151
Fensterblatt *Monstera deliciosa* 51, 62, *63,* 69, 73, 80-81
Ficus benjamina s. Birkenfeige
Ficus elastica decora s. Gummibaum
Flaschengarten 74
Fleißiges Lieschen *Impatiens wallerana „Holstii"* 51, 60, *60,* 68, 80-81
Foeniculum vulgare s. Fenchel
Frauenhaarfarn *Adiatum raddianum (A. cuneatum)* 58, *58,* 80-81
Fuchsie *Fuchsia* 21, *21,* 37
Füllsubstrat 38, 44, 78, 79

Galanthus s. Schneeglöckchen
Gartenkresse s. Kresse
Gartenraute *Ruta graveolens* 128, *128-29,* 137, 148-49
Gasteria 106, *106,* 114
G. liliputana 106, *106*
G. verrucosa s. Warzige Zwergaloe
Geldbaum *Crassula argentea* 52, *53,* 80-81, *109*
Gemüse 18, *18,* 41, *41*
Geranie s. Efeupelargonie
Gewürznelken 143
Gewürzsträußchen 142
Gießen 7, 51, 54, 85, 150, 151
Glochiden 10

Goldkugelkaktus *Echinocactus grusonii* 89, *89*
Goldlack *Cheiranthus 15*
Grauschimmel 154
Greisenhaupt *Cephalocereus senilis (Philocereus senilis)* 88, *88*
Grünlilie *Chlorophytum elatum „Variegatum"* 52, *53,* 66, 68, 80-81
Gummibaum *Ficus elastica decora* 51, 60, *60,* 69, 80-81
Guter Heinrich *Chenopodium bonus henricus* 126, *126,* 148-49
Gymnocalycium 96, *96,* 115
G. denudatum s. Spinnenkaktus
G. mihanovichii 96
G. mihanovichii var. damasii 96, *96*
G. venturiatum 96

Hängetopf 76
Hagebuttentee 147
Halbstrauch 8
Haworthia 104, *104,* 114
H. fascinata 104
H. margeretifera 104
H. reinwardii 104
Hecke 127-129
Hedera s. Efeu und Topfefeu
Heidekraut 37
Heiligenkraut *Santolina chamaecyparissus incana* 131, *131,* 138, 148-49
Hibiskus *Hibiscus rosa-sinensis* 60, *61,* 80-81
Hippeastrum s. Amaryllis
Hochstamm 72
Holzkohle 44, 78
Hundskamille *Anthemis nobilis* *128,* 129, 146, 148-49

Hyacinthus muscari s. Traubenhyazinthe
Hyazinthe *Hyacinthus* 23, *23*, 50, 56, 57, 65, 80-81
Hybriden 6
Hydrokultur 38-45, *45*, 47, 56, 78, 79
Hyssopus officinalis s. Ysop

Igel-Säulenkaktus *Echinocereus pectinatus* 52, *53*, 80-81, *91*
Impatiens wallerana „Holstii" s. Fleißiges Lieschen
Iris 23
Isatis tinctoria s. Färberwaid

Kälteschutz 37
Kängeruhklimme *Cissus autarctica* 54, *55*, 58, *59*, 80-81
Kakteenformen 11
Kakteenerde 84, 110-112, *112*, 114, 116
Kakteenpflege allgemein 84-85
Kalanchoe 105, *105*, 114
K. tomentosa 105, *105*
Kanonierblume *Pilea cadieri* 56, *56*, 80-81
Keimblätter 9
Kies 44, 78
Kindel 10, 68, 113
Kletterstab 73
Knoblauch *Allium sativum* 40, 127, *127*, 148-149
Knollen 10, 14, 22, 23, 26, 27, 38, 45, 152
Knospe 8
Komposthaufen 153

Kopfsalat *Lactura 18, 41*
Kräuter 19, *19*, 37, 40, *40*, 120-49
Kräuterbeet 122, 132
Kräutertee 146, 147
Krankheiten 154, 155
Kresse *Lepidium sativum* 29, *29*, 122, *122*
Krokus *Crocus* 14, 22, 23, 38
Kümmel *Carum carvi* 126, *126*
Kugel, wohlriechende 120, 143
Kugel-Wolfsmilch *Euphorbia obesa* 104, *104*

Lanzenrosette *Aechmea fascinata* (*Billbergia rhodocyanea*) 62, *62*, 80-81
Lauberde 84
Laurus nobilis s. Lorbeer
Lavendel *Lavendula* 120, *128*, 129, 138, 141, 142, 144, 145, 148-49
Lebende Steine *Lithops* 102, *102*
Leberbalsam *Ageratum* 16
Lepidium sativum s. Kresse
Leuchterblume *Ceropegia woodii* 103, *103*
Levisticum officinalis s. Liebstöckel
Licht 6, 50-63, 84, 85
Liebstöckel *Levisticum officinalis* 128-29, *129*, 148-49
Lippia citriodora s. Zitronenstrauch
Lithops s. Lebende Steine
Lobelie *Lobelia* 21, *21*
Lobivia 93
Löwenmäulchen *Antirrhinum* 20, *20*, 37
Lorbeer *Laurus nobilis* 123, *123*, 140, 148-49
Lycopersicon s. Tomate

Majoran *Origanum vulgare* 19, *19*, 129, *129*, 137, 139, 146, 148-49
Mammillaria 84, 99, *99*, 115
M. bocasana 99
M. dumetorum 99
M. geminispina 99
M. hahniana s. Alte Dame
M. zeilmanniana 109
Marante *Maranta leuconeura „Kerchoveana"* 52, *52*, 62, *63*, 80-81

Maßliebchen *Bellis* 15, 17
Mehrjährige 8, 9, 12, 13, 15-17, 19-22, 24, 28, 40, 122, 123, 125-132
Melissa officinalis s. Zitronenmelisse
Mentha s. Minze
Mesembryanthemum s. Mittagsblume
Minze *Mentha* 19, *19*, *40*, 122, *122*, *123*, 130, *130*, 138, 139, 140, 146, 148-49
  Bergamottminze *M. citrata* 130, *130*
  Grüne Minze *M. viridis* 122, 130, *130*
  Lavendelminze *M. gentilus aurea variegata* 130, *130*
  Rundblättrige Minze *M. rotundifolia* 123, 130, *130*,
Mittagsblume *Mesembryanthemum* 16
Möhre *Daucus carota* 57, *57*, 79
Monarda didyma s. Virginische Melisse
Monstera deliciosa s. Fensterblatt
Monstrosus-Form s. Verbänderung
Myosotis s. Vergißmeinnicht
Myrrhis odorata s. Spanischer Kerbel

Nährlösung 38, 45, 78
Narzisse *Narcissus* 23, *23*, 26, *26*, 38, 50, 57, *57*, 80-81
Notocactus 95, *95*
N. graessneri 95
N. leninghausii (Eriocactus leninghausii) 95
N. scopa 95

Ocymum basilikum s. Basilikum
Opuntia 84, 86, *86,* 87, *87,* 115
O. microdasys s. Scheibenopuntie
O. tuna variegata 86
O. vestita 86
Orangenkerne 28
Oreocereus celsianus 88, *88*
Origanum vulgare s. Majoran
Osterkaktus *Rhipsalidopsis gaertneri (Schlumbergera gaertneri)* 84, 100, *100,* 112, 115

Pachyphytum oviferum 107, *107*
Parodia 94, *94*
P. aureispina 94
P. chrysacanthion 94
P. nivosa 94
Peitschenkaktus *Aporocactus flagelliformis* 90, *90*
Pelargonie *Pelargonium* 20, *20,* 22, 29, 50
Pelargonium citriodorum s. Zitronenpelargonie
Pelargonium peltatum s. Efeupelargonie
Peperomia argyreia s. Pfeffergesicht
Perlit 44, 78
Petersilie *Petrosilium crispum* 19, *19,* 40, 122, *122,* 123, *123,* 124, *124,* 139, 140, 141, 146, 148-49
Petunie *Petunia* 17
Pfeffergesicht *Peperomia argyreia* 51, 56, *56,* 71, 80-81
Pflanzennamen 6
Pflanzenteile 7

Pflanzen, verwelkte 152
Pflanzhinweise 153
Pflege allgemein 150-155
Pfröpfling 6, 115-117
Pfropfen 87, 115-117
Pfropfreis 6
Phaseolus s. Bohne
Philodendron *Philodendron oxycardium (P. scandens)* 52, 53, 69,
Phoenix dactylifera s. Dattelpalme
Pikieren 20, 21, 24, 135, 153
Pilea cadieri s. Kanonierblume
Pilzerkrankungen 155
Pimpinella anisum s. Anis
Pisum s. Erbse
Pommander 143
Primel *Primula* 22, *22*

Raphanus s. Rettich
Raupen 154
Rebutia 92, *92,* 113, 115
R. minuscula 92
R. senilis 92
Rettich *Raphanus* 18
Rexbegonie *Begonia rex* 62, *63,* 78, 80-81
Rhipsalidopsis gaertneri Schlumbergera gaertneri) s. Osterkaktus
Rhizom 10
Ringelblume *Calendula officinalis* 124, *124,* 142, 148-49
Rispe 9
Rose *Rosa* 142, 144-147, 148-49
Rosette 9
Rosmarin *Rosmarinus officinalis* 127, *126-27,* 138-140, 142, 146, 148-49
Rote Bete *Beta* 41
Rote Spinne 154
Ruheperiode 84, 85
Rumex asetosa s. Sauerampfer
R. scutatus s. Schildampfer
Ruta graveolens s. Gartenraute

Saatbeet 132, 133
Saatrillen 132, 133
Saintpaulia ionantha s. Usambaraveilchen
Salat s. Kopfsalat

Salbei *Salvia officinalis* 127, *127,* 137, 140, 146, 148-49
Lilablättriger Salbei *S. officinalis purpurea 127*
Dreifarbiger Salbei *S. officinalis tricolor 127,* 139
Sämlinge 24, 28, 36, 64, 110, 111, 117, 132-135
Sämlingspfropfung 117
Samenentwicklung 152
Sand 44, 78
Santolina chamaecyparissus incana s. Heiligenkraut
Satureia s. Bohnenkraut
Sauerampfer *Rumex asetosa* 126, *126,* 138, 148-49

Schädlinge 154, 155
Schalengarten 77, 98
Schatten 6
Scheibenopuntie *Opuntia microdasys* 86, *86*
Schiefteller *Achimenes longiflora* 57, *57,* 80-81
Schildampfer *Rumex scutans* 126, *126*
Schildläuse 154
Schlumbergera x buckleyi s. Weihnachtskaktus
Schnecken 154
Schneeglöckchen *Galanthus* 14
Schneestolz *Chionodoxa* 14
Schnittlauch *Allium schoenoprasum* 19, *19,* 122, *122,* 127, *127,* 138, 139, 148-49
Schusterpalme *Aspidistra elatior* 54, *55,* 80-81
Sedum 106, *106,* 107, *107,* 114
S. morganianum 106, *106*
S. rubrotinctum 107, *107*
Seeigelkaktus *Astrophytum asterias* 97

Semperflorens-Begonie *Begonia semperflorens* 21, *21*, 22, *22*, 29, 37, *38*
Senf *Sinapis* 39, *39*
Singrün *Vinca minor* 16
Sonne 6
Sorte 6
Spaltpfropfung 115
Spanischer Kerbel *Myrrhis odorata* 129, *129*, 148-49
Spezies 6
Sphagnum 69
Spinnenkaktus *Gymnocalycium denudatum* 96
Spornbüchsen *Beleperone guttata* 52, *52*, 80-81
Stacheln 10
Stapelia 108, *108*
S. nobilis 108, *108*
Steckholz 11, 136-138
Stecklinge 11, 29, 47, 68, 112, 114, 133, 136-138
Steinkraut *Allysum* 16
Sternkaktus *Astrophytum ornatum* 97
Stiefmütterchen *Viola* 15, 16, 22, 22
Strauch 8, 126-129, 131
Streptocarpus x hybridus s. Drehfrucht
Stützen 153
Sukkulenten 102-109
Sumpfmoos 69
Symbole 6

Tagetes 16
Tauchen 7, 150
Tee, 146, 147, 148-49
Teilung 68, 113, 138
Temperatur 50, 51, 60, 84, 85, 151
Terrarium 75
Thymian *Thymus* 19, *19*, *40*, 123, *123*, 131, *131*, 139, 140, 146, 148-49
   Feldthymian *T. serphyllum* 131, *131*
Tiger-Aloe *Aloe variegata* 52, *53*, 80-81
Tigerrachen *Faucaria tigrina* 102, *102*
Tolmiea menziesii 54, *55*, 80-81
Tomate *Lycopersicon* 18, *18*, 41

Topfefeu *Hedera helix* 58, *59*, 62, 63, 80-81, 146
Tradescantia fluminensis s. Dreimasterblume
Traubenhyazinthe *Hyacinthus muscari* 14
Trichocereus 88, *88*, 115
T. terscheckii 88
Trocknen 140, 141
Tulpe *Tulipa* 14, 15, 23, 56, *57*, 80-81

Umtopfen 67, 111
Unterlage 6, 115-117
Usambaraveilchen *Saintpaulia ionantha* 54, *55*, 71, 80-81

Varietät 6
Veilchenwurzelpulver 143, 144
Verbänderung 11, 89
Vergißmeinnicht *Myosotis* 15
Vermehrung 29, 68, 70, 71, 112-114, 136-138
Vermiculit 44, 78
Vinca minor s. Singrün
Viola s. Stiefmütterchen
Virginische Melisse *Monarda didyma* 130, *131*, 138, 146, 148-49
Viruserkrankungen 155

Wässern 151, 152
Waldkakteen 84, *100*, 101
Wanzen 154
Warzenkakteen s. Mammillaria
Warzige Zwergaloe *Gasteria verrucosa* 106, *106*
Weichhautmilbe 155

Weihnachtskaktus *Schlumbergera x buckleyi* 52, *52*, 80-81, 84, 100
Weiße Fliege 155
Winde *Convolvulus* 17
Wolläuse 155
Wüstenkakteen *86-99*, 115
Wurzelgallälchen 154
Wurzelteilung 138

Ysop *Hyssopus officinalis* 128, *128*, 137, 148-49

Zebrakraut *Zebrina pendula* 57, *57*
Zierspargel *Asparagus setaceous* (*A. plumosus*) 58, *58*, 80-81
Zimmer 50-63
Zimmerhafer *Billbergia nutans* 58, 59, 80-81
Zimt 143
Zinnie *Zinnia* 17
Zitronenmelisse *Melissa officinalis* 130, *131*, 138, 140, 146, 148-49
Zitronenpelargonie 122, *122*, 142, 148-49
Zitronenstrauch *Lippia citriodora* 123, 128, *128*, 137, 148-49
Zonalpelargonie 20
Zweijährige 9, 13, 15, 17, 122-125
Zwergsäulenkaktus *Chamaecereus silvestrii* 88, *88*
Zwiebel *Allium cepa* 130, *130*, 148-49